U0361163

采购4.0

采购系统升级、降本、增效实用指南

（第2版）

姜宏锋◎著

PROCUREMENT 4.0
SYSTEM UPGRADE, COST REDUCTION, PROFIT GROWTH

机械工业出版社
China Machine Press

图书在版编目（CIP）数据

采购4.0：采购系统升级、降本、增效实用指南/姜宏锋著. —2版. —北京：机械工业出版社，2019.11（2025.1重印）

ISBN 978-7-111-64123-0

I. 采… II. 姜… III. 采购管理-指南 IV. F253-62

中国版本图书馆CIP数据核字（2019）第243274号

采购4.0：采购系统升级、降本、增效实用指南　第2版

出版发行：机械工业出版社（北京市西城区百万庄大街22号　邮政编码：100037）

责任编辑：孙海亮

责任校对：殷　虹

印　　刷：北京瑞禾彩色印刷有限公司

版　　次：2025年1月第2版第11次印刷

开　　本：147mm×210mm　1/32

印　　张：10.25

书　　号：ISBN 978-7-111-64123-0

定　　价：79.00元

客服电话：（010）88361066　68326294

本书赞誉

工具丰富、图文并茂；案例精彩、易懂实用。无论你是想在短期内解决采购作业面临的实际问题，还是想中长期推进采购生态系统的可持续发展，这都是一部值得反复阅读的精品之作。

许志端

厦门大学管理学院教授、博士生导师，

厦门大学中国供应链管理研究中心主任

姜宏锋老师的课程实战、有效、接地气，深受学员喜爱。《采购4.0》是姜宏锋老师多年培训与咨询的心得总结，从实践角度剖析了采购管理中的热点和难点问题。本书利用系统化的方法论，帮助采购从业者建立采购管理体系，全面提升采购管理能力，是采购工作者从无序、混乱、无绩效走向有序、有料、有绩效的进步阶梯。这是一本值得采购经理人与企业管理者认真阅读的采购管理指南。

杨燕宁

CIPS采购认证中国管理中心副主任

姜老师是采购与供应链领域的资深专家，所著图书内容丰富、实战实用，结合最新的供应链趋势，解决企业实际问题，帮助个人提升从业水平，深受采购与供应链学员的喜欢。特别欣赏姜老师对采购与供应链的情怀与执着！这是一个由有情怀的好老师写的一本值得拜读的好书

毕赢

珠海（中山、东莞）励和企业管理咨询有限公司总经理

在管理咨询领域，采购几乎是被遗忘的角落。提高采购专业化和职业化水平，实现采购系统转型升级，无论是对于提升资源整合能力、推进供应链协作水平，还是对于降低成本、获取竞争优势，都具有重要意义。姜宏锋老师的这本新书不仅奉献了令人耳目一新的观点，还对采购系统升级提供了针对性强、可落地的方法，值得深读。

李航

北京天骐管理咨询总经理

很多企业已从姜老师的课堂受益并正在进行降本增效的实践，如果还未听过姜老师的课程，请马上买一本《采购4.0》，太有价值了。如果已听过课程，那么本书将是很棒的复习教材！本书的出版再次彰显姜老师成就客户之心！

许林强

杭州优众企培总经理

和姜宏锋老师的合作已有近4年的时间，在这期间我们通过培训、咨询的方式服务于很多客户。客户的评价多是"实战""既有理论的分析，也有实际案例的分享""对实际工作帮助非常大"。现在

这本书的出版能够让更多的企业和行业人士受益，在我个人看来，是一件非常有意义的事情。

Vivian Liu（刘芳）

SGS 管理学院、区域经理

是时候将你的"采购系统"升级到 4.0 了。本书专业的视角、系统的知识架构、大量真实的案例对采购伙伴极为有用，细读下来必会受益颇丰。如果你想进行一场向采购行家的蜕变，向你推荐本书！

刘洪涛

采购帮创始人

近年来，我们清楚地发现，采购与供应职能从策略性到战略性发生了一些积极的变化，这就意味着采购与供应链管理人员应不断提升专业技能来适应这一发展变化。姜宏锋老师通过这本书，从一位实践者的角度，以采购 4.0 模型形象地为处于不同阶段的企业提供了实用的管理策略，值得从事采购与供应链管理的各个层级的实践者学习和阅读！

杨远

无锡采购与供应链协会会长

推荐序一

我们的时代呼唤创新，无论是大众创业，还是万众创新，而除了不受羁绊的创新思维，至关重要的是最为朴实无华、实实在在的工作。姜老师是我见过的为数不多的供应链管理方面的实战型专家，他将企业实践与理论研究有机结合，把仰望星空的理想——采购升级这项企业极其渴望且极端复杂的工作，在《采购4.0》一书中进行了深入分析，并提出了解决思路和方法，为帮助企业强身健体、降本增效做了一件实实在在的事。而本书在采购管理方面的定式之中主动求变、出新，这本身也是一种创新。

在我看来，《采购4.0》令人击节的至少有以下几个方面。

一是创新性。由于采购在企业发展中的重要地位，无论是国内企业还是跨国公司，在采购管理方面，无不苦苦探索。从初级的采购到阳光采购再到科学采购，国际上越是强大的公司，对采购管理要求越高、标准越严、执行越快，这些公司积累了大量经验和教训。而国内企业，尤其是中小企业，对采购管理的理解还较为初级，迫切需要升级发展。他们更加迫切需要理论上的引导。目前，市场上采购供应链类的专著不多，有创新内容的更少。《采购4.0》

从采购最初级的 1.0 讲起，系统、科学地归纳、分析、总结了采购的 4 个层级——从采购 1.0 到采购 4.0，书中详述了不同层次的特征及核心问题，提出了解决问题的思路和办法，与时代要求高度契合，是一种典型的集成创新。

二是实用性。本书所描述的企业情况以及所举实例均来源于实际工作，有些案例我也有所了解。比如，采购 1.0 中的人治型的 5 个特征总结，采购 2.0 中的阳光采购的四化描述，采购 3.0 中的从追求价格最优到追求总成本最优，最高阶段采购 4.0 中的从成本管理到价值创造、打造生态供应链，其中引用的大量案例，包括一般的案例描述，都与实际紧密结合。每一个企业都可以对照书中所述找到自己所处的位置，并从中上下追溯，找到产生问题的症结所在。姜宏锋老师以"采购 4.0"为主题的采购培训课，深受企业主管领导和采购经理的欢迎，这一方面当然是因为宏锋老师灵活机变、睿智飘逸的授课技巧，另一方面主要还是因为采购 4.0 理论深深地根植于企业，与企业具有天然的贴近性，自身具有极强的实用性。

三是理论性。《采购 4.0》从初级到高级，全面系统地概括了采购管理的 4 个层级和阶段，且独立成章，自成体系，具有较高的理论水准。中间所列的一些实用计算和分析方法具有较高的研究价值，尤其是采购的最高阶段，即采购 4.0 所列的 5 个特征：跳出围墙——采购参与主体延伸至上下游伙伴；价值创造——打造可持续发展、多赢的供应链生态系统；高效协同——实现供应链成员之间信息流、物流、资金流的高效协作；互助提升——提升供应商、学习供应商，充分利用供应商的专业能力；定位升级——采购中心向供应商支持中心、采购联盟或行业平台升级，成为真正意义上的利润中心。其论证严谨、环环相扣，既为企业提升采购水平指明了方向，又丰富了中国采购管理的理论智库。

采购管理是供应链管理的重要组成部分，未来的竞争不是企业之间的竞争，而是供应链之间的竞争。可惜的是，许多中小企业甚至大型企业对此理解得不深，落实得更不够，既缺思维，没有科学的顶层设计；又缺方法，没有实现科学采购的有效路径和措施。其基本上还处于采购4.0这4个层级中的第一和第二层级，即企业能够实现管理集中化、过程阳光化、分工专业化、流程信息化便已沾沾自喜了，殊不知企业来自采购的降本空间还如此之大，手段和方法还如此之多。

由于工作关系，近年来我也一直关注企业的采购管理，走访了近百家企业，无论是采购方还是供应商，均大有提升的需求，也认为有提升的可能，只是苦于没有太多的解决办法。拜读此书，受益良多，阅之恨晚。蒙老师垂青求序，敢不从命，欣然提笔，名为作序，实为学习心得。

李　铁

中国石油和化学工业联合会供应链工作委员会秘书长

推荐序二

采购是现代供应链管理的重要组成部分，早在 1982 年美国著名管理学家彼德·德鲁克就已经指出："商业中最大的潜在获益机会存在于生产企业与其供应商之间，这是所剩的赢得竞争优势最大的未开发领域……没有什么领域像该领域一样是如此被人忽视。"正是因为如此，人们日益认识到采购供应管理是企业获得竞争力的重要来源，它不仅有助于提高企业运营的效率、降低成本，更能够推动整个供应链体系的发展。不仅如此，在现代供应链越来越趋向于一体化、高度化、整合化的背景下，采购管理不再像以前那样关注传统的层次职能结构，而是更加集中于改进采购流程，以便从外部的原材料及服务供应商那里获取最大的价值。

供应链采购管理是一个发展迅速、内容不断丰富和更新的学科，具有很强的应用性和实践性，因而如何在有限的时间内使学习者系统掌握现代采购管理的基本原理和方法，提高理论和实务操作的能力，是教学过程中需要致力解决的问题。本书作者姜宏锋先生不但具有深厚的理论功底，而且长期以来一直从事采购供应管理的教学和实践工作，具有非常丰富的咨询和实操经验。据我所知，其讲授的采购供应管理课程一直在业界具有很高的评价。这次他将其对采购供应管理的理解和丰富的经验付梓，无疑对业界系统学习并掌握供应链采购管理有很大的帮助。

姜宏锋先生的这本书在内容体系组织上不同于一般的图书，其具有如下鲜明的特点：

一是理论上具有全面性和现实性。本书向读者全面分析并介绍了现代采购供应管理所有相关领域的理论方法，并能根据企业的实践，系统解析采购供应管理的进阶方法，诸如他所提到的采购 1.0、2.0、3.0 和 4.0，对深刻理解采购在管理中的作用及如何实现具有很高的参考价值。

二是实务上的可操作性。本书不但在体系和理论上尽可能吸收本学科领域内的最新理论，及时、迅速反映本学科的最新发展趋势，而且提供了很多很好的、极具操作性的方法，从而使读者在掌握理论的同时，能够学以致用。

三是采用理论分析与案例分析、引导提问相结合的方式，通过引导性案例和提问式的方法，触发读者在获取知识的同时，深入思考，真正实现思维能力和行动能力的结合。

因此，欣然作序！

宋　华

中国人民大学商学院副院长

推荐序三

众所周知，国内很多高校都开设了市场营销方面的课程，而在市场营销的相对方——采购（供应）方面却鲜有系统的专业及课程。2013年4月初，我们收到了北京天骐培训关于供应链方面培训课程的通知，授课人正是姜宏锋老师。当时我正在紧锣密鼓地办理公司一体化项目各项核准备案手续，虽然非常想参加，但最终未能成行。北京天骐培训咨询集团是目前国内最大的培训咨询机构之一，和我们一直保持着密切的合作关系。为了掌握采购最新管理理念、工具和实操技巧，提升采购业务相关人员的管理水平和业务技能，丰富公司采购管理思路，故邀请姜宏锋老师于2013年7月来公司给中层以上管理人员以及采购、营销人员做一场专题培训。姜老师是天骐供应链首席专家、数所国内知名高校的客座教授，理论功底深厚，实战经验丰富。我们公司作为一家一直沿用传统采购模式的化工新材料企业，在聆听了姜老师的采购成本管控培训课后，对采购转型与角色定位、采购总成本与管理策略、采购成本分析与分解、成本控制技巧有了深入了解，这正是我们梦寐以求的提升采购管理水平、提质增效创利的关键。于是，就有了我们和天骐机构、姜宏锋老师陪伴式专项咨询合作。

姜老师的咨询团队经过一个月的调查诊断，成立了跨部门的采购降本领导小组和工作小组，明确了工作目标与行动步骤，提出了采购组织专业化、采购流程优化、采购工具创新和向供应链要效益的工作方案。通过对原辅材料采购数据总体分析，将"三特"（特殊的标准、特殊的选型、特殊的供方）采购和备品备件采购作为重点，运用行动学习法梳理出了领导看板和重点降本项目。通过陪伴式采购降本合作，我们公司对采购体系组织架构进行了采与购的分离调整，实现了"专业＋监管＋效率"；对过去各生产中心管理的备品备件采购实施了集中管理，将近万个品类精简了90%，实现了小采购向大采购的转变；成立招标办，建立了电子竞价平台，实现了采购招标流程化、制度化；通过对合格供应商进行分类与评价，实现了战略类和瓶颈类物料建立战略合作伙伴关系，而杠杆类和一般类物料充分竞价。最终，"三特"物料得到有效管控，采购降本获得实质性突破，采购中心实现了从成本中心向利润中心的转变。

近年来，美国发布了标志着回归制造业的《重整美国制造业政策框架》，德国适时提出了旨在提高制造业科技水平和竞争能力的工业4.0高科技战略计划。中国政府也发布了产业振兴规划《中国制造2025》，其核心是从要素驱动向创新驱动转型，其中，管理创新是非常重要的内容。近两年，中国经济结束了超高速增长，进入了经济发展新常态，特别是为应对经济下行阶段性压力和预防系统性风险，国家提出了供给侧结构性改革，明确了去产能、去库存、去杠杆、降成本、补短板等五大改革任务。在这一背景下，作为长期耕耘在供应链采购领域的知名专家，姜老师撰写的《采购4.0》对制造业企业来说犹如久旱逢甘露，必将对提高国内企业采购系统管理能力和水平具有非常现实的指导意义。

对于采购理论，姜宏锋老师在本书中用通俗易懂的语言进行解读。全书分为5章，其中，第1章"采购系统进化论"，对采购系统从业务、管理、跨部门和跨企业4个层级，从1.0到4.0进行了非常贴近企业应用的归纳分析，其中1.0是中国绝大多数企业所处的阶段，是以管理人为主要特征的采购行为；2.0是1.0的升级版，其以制度流程为主要特征，强调的是集中采购、阳光化采购；3.0是再高一个层次的采购状态，突出的是内部跨部门协调一致，共同实现降本目标；4.0是采购管理的最高境界，是和外部供应商协同实现降本目标。从第2章开始，按照采购体系4个层级，以专篇的形式从1.0到4.0对采购系统不同阶段进行了阐述，对每一阶段的形态、特征、管理要点和实现的路径，以及从低级到高级循序渐进的升级方法及其必要性进行了翔实介绍。

这本采购专著是姜老师多年潜心研究，经过理论—实践—再理论—再实践不断探索得到的精髓，大量的创新理念和经典案例都出自姜老师的授课与服务企业的切身体会。从实战及可操作性方面来讲，姜老师擅长运用行动学习方法，集思广益、博采众长，特别善于总结概括普遍问题，特别善于调动激发受众思维。在每章之后，用"学以致用"进行小结，启发读者结合自身工作实际通过学、思、用进一步深入理解，这便是一个师者给予一个时代最有价值的记忆。

赖　勇

新疆蓝山屯河股份有限公司副总经理

自序

2016 年，读一本书时遇到了一个好问题：**当你离开这个世界，你会给世界留下什么遗产？**

我想了许久，决定给世界贡献一本书，对多年采购与供应链企业实践、培训咨询心得进行提炼，以求指导企业在采购管理上少走弯路，少掉坑，带着正能量，聚焦价值创造。这本书就是《采购 4.0》第一版。

《采购 4.0》与市场上的采购管理类书籍的不同之处在于，它是站在咨询师的视角，基于企业采购管理者的工作场景，以自我定位为主线，让企业采购管理者诊断其采购系统处于 1.0～4.0 中的哪个阶段，明确发展方向，掌握变革关键。同时又给出各个阶段推行采购降本与增效的实用方法、工具与企业实践。

《采购 4.0》上市以来，我最大的体会是"利他就是利己"。很多企业高层与采购管理者在阅读本书后与我链接，分享读书收获与企业的变革实践。方太集团非生采购许部长与张经理因这本书找到我们做辅导；福建盼盼食品蔡丕鹏总因这本书与我成了好朋友，家里收到了好多食品类礼物；科大智能、益海嘉里在"采购 4.0"理论指导下推行集中采购变革……这让我倍感欣慰的同时也深感责任重大。

近年企业面临中美贸易战、经济下行压力与环保等的诸多挑战。我认为在未来相当长的一段时间内，外部需求的不确定与供应链不协同之间的矛盾会日益加重，企业迫切需要释放采购价值，采购系统要持续升级，面对新挑战要有新思路，而且随着为企业不断提供咨询与培训服务，我个人的认知也在不断提升，所以有必要对《采购4.0》进行相应修订。

第二版与第一版相比，除了个别文字的调整，主要修订的内容如下：

（1）为使管理层重视采购的地位和价值，第二版对企业采购的定义更加充分地进行了阐述。企业采购以各种方法优选、获取外部资源，满足企业经营与战略的需要。要从花钱的支出与不花钱的供应商软实力资源获取两个维度，对采购进行边界拓展。并对〔2017〕84号《国务院办公厅关于积极推进供应链创新与应用的指导意见》中对供应链最新定义"以客户需求为导向，以提高质量和效率为目标，以整合资源为手段，实现产品设计、采购、生产、销售、服务等全过程高效协同的组织形态"进行解读。这些内容你将在第1章中读到。

（2）阳光化采购的建设是很多管理者的痛。A.O.史密斯做了一份廉洁名片，很有创新性，在内训课上很多企业管理者都想借鉴，所以新增了这份名片范本。在采购1.0阶段，采购人员最大的痛苦在于 MRO 采购，工作量巨大，采购申请杂乱，多紧急需求，规格不明；而内部客户则认为采购人员效率低、买得慢，所以经常抱怨或投诉。第二版新增了 MRO 采购的流程优化思路与方法，并结合了企业咨询的实际案例，相信对 MRO 采购人员、工程建设人员、项目管理人员会有所裨益。这些你将在第 2 章读到。

（3）集中采购是采购 2.0 的关键，很多企业靠行政力量去强推，阻力很大，效果并不好。在第二版，新增了两个企业集中采购实践案例。某电商企业华南区对桶装水进行集中采购，通过需求分析、重新定义再集中，一年节省了 200 多万元，并提升了内部客户满意度。四川航空通过"收、捋、放"，推行集中采购，控制成本但不低效，管理规范但不僵化，走出了一条适合四川航空的集中采购之路。详情请阅读第 3 章。

（4）第二版对采购 3.0 进行了较大的修订，主要是结合企业最新的采购实践，新增了品类管理。分别对企业物料品类采购管理、MRO 品类采购管理的方法、步骤进行说明，并给出标杆企业实践案例。项目管理采购是一大难题，灯塔讲师项目管理专家刘丽梅老师的项目管理采购实践会给你新的启发。很开心看到采购 4.0 模型被华为公司认可并进行实践创新。2018 年 11 月，华为轮值董事长郭平发表了题为"互助共赢，开创战略采购新时代"的主题演讲，本章会对这份演讲进行解读，以方便大家理解、对标学习。这些新增内容你将在第 4 章中读到。

（5）随着互联网与企业信息化的兴起，采购职能正面临着一场变革。在采购4.0阶段，采购站在供应链的高度进行职能革命，做了转型或升级。建设工程项目中采购是一大难题，在第二版收录了互联网＋采购的案例，介绍了一家建设工程公司采购部门如何内部创业，利用互联网＋采购，打造了电商平台——镒资物资网。企业的采购可以充分利用供应链管理公司，整合需求，提高效率，降低成本。第二版新增了两个供应链管理公司的案例——针对间接采购的采购商城模式的案例与针对MRO的一站式工业用品服务平台的案例，以帮大家理解采购与外部供应链公司整合与竞合、升级与转型的关系。这些你将在第5章中读到。

采购是外部资源的发现者、管理者，也是企业成本占比最高、降本潜力最大的职能，向采购要利润，就要重视采购能力建设，要与时俱进，对采购管理体系持续升级。《采购4.0》也要与时俱进，不断升级。

当你离开这个世界，你会给世界留下什么遗产？

现在我可以这样回答：一是《采购4.0》这份礼物，我将本书（包括再版）的全部收入定向捐献给残障儿童的福利事业；二是为推动中国企业采购与供应链持续进步贡献了微薄力量。在最近这几年，我每年进行200多天的培训与咨询，并发起了灯塔计划——采购讲师与顾问培训计划，遴选具有实战经验又有利他心的采购与供应链领域的精英，倾心培养，计划为行业培养100位灯塔讲师与顾问。当他们走向行业舞台时，能照亮他人，引领行业，温暖自己。

你并不孤单，你属于一个伟大的群体，你处在伟大的时代，让我们价值链接，享受盛景，一起创造无限的可能。

你的朋友　姜宏锋

目录

第 1 章

采购系统进化论

1.1 采购降本，倒逼管理升级

1.1.1 采购部总是垫底！

如果你是老总，要重组公司，需要在公司研发、财务、人力、销售、生产、采购 6 个部门中选员工作为合伙人，那么各部门优先级从高到低的排序是怎样的？

你的答案：

如果给各部门定薪资，那么各部门薪资从高到低的排序是怎样的？

✎ 你的答案:

　　这个调查做了几次,每个人的答案都会有差异,但相同之处是,总有一个部门一直垫底,这个部门就是**采购部**。

　　企业不重视采购由来已久:

　　(1)采购不就是花钱买东西吗?

　　(2)干采购油水很大,是肥差。

　　(3)做采购的人,人品靠得住就行。

　　(4)让自己亲戚做采购。

　　(5)要想办法别让采购拿回扣。

　　(6)采购不懂技术,需要什么就去买什么,就是个办事员……

　　各种猜疑、各种口水,使采购从业者越来越纠结,很多采购从业者性格越来越内向、敏感、谨小慎微,也越来越保守,不求有功,但求无过。

　　下面是采购人员编的段子,以玩笑的方式揭示了部分采购从业者的现状。

　　很多人打算从事采购工作,问我要看什么书,以下是比较负责的回答。

　　第一阶段:

　　《采购与供应原理》《采购谈判的方法与技巧》《采购成本控制》

《交期与库存管控》《供应商管理》《供应商质量管理》《战略采购》《供应链管理》《非财务人员的财务管理》。

第二阶段：

《思想政治》《莫生气》《论持久战》《老子》《佛经》。

第三阶段：

《颈椎病康复指南》《高血压降压宝典》《强迫症的自我恢复》《精神病症状学》。

第四阶段：

《活着》。

段子幽默中带着辛酸，谁让我选了采购这个职业呢？而现在，情况正在悄悄发生变化。

1.1.2 把采购员从"冷宫"中请出来

这要感谢经济新常态，企业遭遇需求不足、产能过剩、库存高涨等一系列问题，直接导致企业的利润率越来越低。

企业运营模型简单来说是个减法公式：10-9=1（10 是营业收入，9 是成本，1 是利润）。

在经济新常态下，有些企业的运营出现了 10-10=0，甚至出现了 10-11=-1。

越来越低的利润倒逼企业开始重视采购的作用与价值：增长乏力，要控制利润，就要先控制成本；而一个生产型企业，60% 以上的钱是由采购花出去的，所以要想控制成本，就要先控制采购成本。

企业高层这时已经认识到了这个简单常识：**采购省下的都是净利润，采购成本每降低 1%，企业的利润率将增长 5%～10%；采购往往又是企业管理最粗放的部门，存在很大的提升空间与降本潜力。**

其实，采购的价值远不止于降本增效，采购还是企业与供应商资源之间的桥梁与纽带，还决定着 100% 的原材料库存，影响应付账款的现金流出，对供应商准时供应、质量保证也有重大影响。

于是，企业开始把采购人员从"冷宫"中请出来，对采购说："你很重要，你**必须帮我把采购成本降下来**。"

采购的作用被重视，但并不代表所有采购人员都能完成降本增效的任务。采购人员的专业度、各部门的协作，如何定义采购、定位采购部门都可能影响到采购的绩效表现。

1.1.3　采购的定义

如何定义采购？

一说起采购，很多人认为采购很简单、很容易，就是花钱买东西。这种认知来自于个人采购。个人采购因为自己掌握采购决策权，而且花自己的钱给自己买，不涉及管理问题，确实很容易。企业采购要考虑企业与供方之间的实力对比、产品技术特点、供应市场、付款条件、计划的成熟度、质量标准等诸多要素。那么，如何定义企业采购呢？个人总结为：**企业采购是以各种方法优选获取外部资源，以满足企业经营与战略的需要**。这个定义涉及三个关键点。

1. 外部资源

对外部资源的理解，决定了采购的工作范围，也决定了采购能释放多大的价值。不同企业的采购部门负责的范围不同，关注的外部资源也不同：有的只负责物料，有的负责物料加设备、备件，有的还负责诸如食堂、绿化、培训等。从国际大企业的情况看，采购的范围有日益扩大的趋势。

外部资源，可以用花钱的支出与不花钱的资源两个方面来界定。从花钱的支出角度看：

采购的支出 = 企业的总收入 - 利润 - 付给员工的薪资 - 税收

即在企业总支出中扣除员工薪资（给内部员工的）与税收（给国家的），剩下的支出项都应是采购的范围。通常有三大部分：第一部分为 BOM（物料清单），即组成产品的原料与零部件的支出；第二部分为 MRO（维护、修理、运营），即支持生产的相关支出；第三部分指除上述两者之外的支出，统称为非生产物资，包括基建采购、IT 采购、行政采购、市场采购（包括业务拓展）、公关采购、服务采购等。以某大型互联网公司为例，他们对第三部分的采购做了展开（见表 1-1）。

表 1-1　某互联网公司非生产物资列表

一级分类	资产/费用类	二级分类	分类明细
IT采购	实物资产类采购	IT资产采购	IT类固定资产 ◆ 服务器等网站用设备； ◆ 员工用电脑； ◆ IT部门管理用公用设备； ◆ 各类电脑软件等
	实物费用类采购	IT物品采购	IT类低值易耗品 ◆ 投影幕布； ◆ 电脑配件； ◆ 网络配件； ◆ 服务器配件等　IT类其他实物　弱电装修
	服务费用类采购	IT费用采购	通信费 ◆ 电话费； ◆ 互联网接入费； ◆ 非营销类短信费等　主机托管费 ◆ 机架租赁； ◆ 带宽/专线费用； ◆ 邮箱租用费； ◆ 网络增值服务等　网站维护费 ◆ 设备维护费； ◆ 设备租赁服务费等　其他费用 ◆ 软件服务费； ◆ 续保费等
		技术人员外包采购	技术开发、测试人员在岗外包 开发项目外包

行政采购	实物资产类采购	行政资产采购	办公设备、家具、交通工具及行政类固定资产 ◆ 沙发； ◆ 桌椅； ◆ 健身器材； ◆ 电器； ◆ 汽车等
		行政工程装修采购	办公室装修
	实物费用类采购	行政物品采购	办公用品及耗材 ◆ 办公文具； ◆ 录音笔； ◆ 电热水器； ◆ 空调哪等 制作类采购 ◆ 印刷品制作/采购； ◆ 礼品制作/采购等
		行政工程改造及维修采购	办公室改造及维修
	服务费用类采购	普通行政采购	外包行政服务 ◆ 搬家服务； ◆ 仓储物流； ◆ 绿化及花木租赁； ◆ 设备维修； ◆ 工程维修； ◆ 快递（邮寄物流）； ◆ 保洁； ◆ 员工餐厅； ◆ 财产保险等 会议/旅游/活动组织或外包 ◆ 旅游服务； ◆ 会议策划； ◆ 会议搭建； ◆ 会务场地； ◆ 交通用车； ◆ 大型活动等 物业租赁 ◆ 房租； ◆ 物业管理费； ◆ 水电费等 酒店及机票 ◆ 机票费； ◆ 酒店住宿费

（续）

一级分类	资产/费用类	二级分类	分类明细			
		媒体投放	◆ 电视广告； ◆ 广播广告； ◆ 网络广告等	◆ 报纸广告； ◆ 杂志广告等	◆ 楼宇广告； ◆ 路牌广告； ◆ 车身广告等	
市场采购	服务费用类采购	市场活动	展会组织或外包： ◆ 展具采购； ◆ 展台设计； ◆ 展台搭建； ◆ 临时人员配备等	活动组织或外包： ◆ 品牌战略新闻发布会； ◆ 赞助活动； ◆ 客户见面会； ◆ 培训会； ◆ 客户讨论会活动等	劳务： 活动或展会促销人员的报酬等	
		设计制作	物料制作	设计制作： ◆ 广告设计； ◆ 物料设计； ◆ 视频设计等	策划服务： ◆ 活动策划外包等	短信/其他
公关	服务费用类	媒体投放	◆ 电视广告； ◆ 报纸广告； ◆ 杂志广告等	◆ 网络广告		
		活动	新闻发布会 赞助活动			

采购				
		设计制作	支付媒体记者的劳务费　软文费	◆ 差旅费； ◆ 住宿费； ◆ 餐饮费； ◆ 差旅补助等
		认证采购	认证服务	
		招聘采购	直接招聘	
			委托猎头公司招聘	
服务采购	服务费用类采购	专业采购	人事外包业务	
			咨询业务	◆ 人力资源顾问咨询服务； ◆ 审计服务； ◆ 管理咨询服务等
			法务采购	◆ 诉讼服务（律师、诉讼、仲裁）； ◆ 知识产权服务（商标、域名、专利、版权）； ◆ 公司设立／变更服务（公司设立／变更费用、报告编制费用）； ◆ 公证服务； ◆ 法律法规数据库采购等
		培训采购	内部培训	
			公开课培训	◆ 高校学生培训； ◆ 会员培训； ◆ 本行证书培训等
			长期教育	
		其他服务采购	团队建设／员工活动组织或外包	
			员工福利采购	◆ 商业医疗保险等

随着企业的发展，采购的边界在不断扩大，只从花钱支出的角度去考虑采购是远远不够的。企业发展所需要的软实力，包括供应商的技能、市场情报等，也可以靠采购获得，这虽然不花钱但对企业很重要，而且极易被忽视。我们不能只买供应商的货物，从外部资源的角度看：供应商的专业能力是外部资源，有研发能力的供应商早期参与研发，可以帮助企业在市场竞争中获得竞争优势；供应商的管理能力也是外部资源，可以与客户形成很强的互补；供应商的渠道、设备、员工也是资源，通过共享可避免重复建设，甚至供应商的行业情报都可能会帮助企业快速成长。总而言之，不能只盯着供应商的支出，还要不断进行资源共享、管理共建、价值挖掘、信息收集，这方面采购将有巨大价值可以挖掘。

无论从花钱的支出获取还是不花钱的软实力获取，都要求采购人员强化寻源能力，找到有差异化竞争优势的供应商。所以采购不仅是简单的购买，还是企业竞争优势的重要来源。为了寻源，采购要勇于走出去，请进来，在家一直待着不出差的采购是没出息的。采购部要有更多的部门经费，要多与供应商走动、多与供应商交流。

2. 以各种方法优选获取

"各种方法"指除了购买获得所有权这一方法外，还包括借用、租赁、外包、置换、赞助、战略联盟、投资等方法。

强调获得使用权及价值，并不一定要发生所有权的转移。我曾就职的某 IT 公司员工人数众多，员工电脑如何购买最合适?

企业内不同人员对电脑的需求不同，涉及购买电脑的品牌、规格、价格、售后维修，以及旧电脑处理等一系列问题。该企业采购管理部设计的采购方案是：电脑由新入职员工自行购买，产权归员工所有，公司按不同职级与电脑购买价格给予每月300～400元补贴，补贴2年。员工开心，因为企业花钱却买了自己喜欢的电脑；财务开心，因为现金流更好，电脑寿命更长；IT人员也开心，因为电脑是员工自己的，他们更珍惜，坏了自己修；老板也很开心，因为员工回家加班更方便了。

"优选"指的是定好标准，对符合标准的供方进行择优使用。越来越多的企业会有供应商入围名单，定好标准后，对合格的供方再进行竞争或评定，这就是优选。

"获取"指企业所需货物与服务的取得方式，这方面要求高效与创新，比如信息流上与供应商进行直接连接、物流上供应商将货物直接送到指定工位、资金流上单据齐全财务自动结算等。

3. 满足企业的经营与战略需要

这表明采购既要保证供应，还要面向未来，支撑企业战略。要求采购站在企业经营者的高度通盘考虑，通过与外部重要合作伙伴建立战略合作，支撑企业可持续发展。某食品企业要找一位形象代言人，总经理对代言人的要求是客户要喜欢、花钱要少。该企业采购人员站在企业经营角度，分析得出企业的目标客户是青少年，以此为主线，找到了目标客户喜欢的一款网络游戏，与游戏厂家商谈让里面的女主人公给食品公司做形象代言人，但不付费用，回报是在食品包装上注明与游戏厂家结成战略合作伙伴，并做该游戏的简要介绍。面对这个双赢提案，游戏厂家欣然同意。食品公司采购继续挖掘，在网络游戏中将该食品作为道具植入，游戏玩家在游戏里不断获取该食品，在现实中突然发现有卖的，就产生了购买。这两家企业通过资源整合，实现了双赢合作，满足了企业的经营与战略需要。作为专业采购，绝不是天天催货、用各种方法自证清白，也不是不求有功但求无过。专业采购会站在经营者的高度，思考何为正确的事，如何做才会对企业有价值。

这里要界定一下采购人员的范畴。我认为采购人员并不仅指采购部的人员，只要对"以各种方法优选获取外部资源"有影响或支配权的相关人员都属于采购人员。即采购是一项职能，而不是一个部门。有供应商物料选择权的研发技术人员、对供应商物料进行质量控制的入厂检验人员、供应商质量工程师、给供应商下达订货量的计划人员、接收供应商物料的仓管或生管人员、对供应商进行评价管理的内部客户、给供应商付款的财务人员、主管供应链的公司高管等，都在采购职能的范畴内。除此之外，分散在各个部门执行采购业务的人员也属于采购人员，比如行政部门采购员工福利的人员、营销部门采购营销用物资与服务的人员、人力资源部门采购培训项目涉及的人员等，这些人员虽然游离于采购系统之外，但都实质进行了采购，故均属采购人员。如果要签署廉政共建协议或阳光化采购自律文件，这些部门人员也要签署，而且要作为重点管理对象。

经济新常态，考虑到采购成本对企业利润的重大影响，很多企业开始给采购部门设定有挑战性的年度降本目标。如图 1-1 所示，采购降本倒逼管理升级，在极具挑战性的降本目标压力之下，采购管理、流程、跨部门协作与人员专业能力等诸多方面的问题开始暴露与显现。

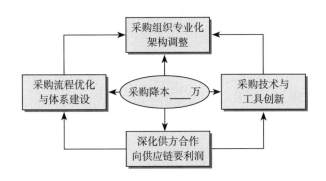

图 1-1　采购降本倒逼管理升级

企业通过采购降本，实现了倒逼采购人员能力提升，倒逼采购系统升级，增强企业体质，获得竞争优势。采购部门及人员必须在战争中学习打仗，在采购系统升级转型中提升自己的专业度与职业化程度，做到上接企业战略、供应链战略，中接内外部协作，下接绩效产出，**实现从企业的成本中心向企业利润中心的转型**。而作为企业高管，也要理解采购价值，发挥采购作用，像重视销售一样重视采购，给予支持、资源、指导、激励。

1.1.4　企业高层应注意的 7 个采购常识

最后请企业高层注意以下常识，以便更好地重视采购、指导采购、激励采购。

（1）一个生产型企业，收入的 60% 以上是由采购花出去的。

（2）采购省下的都是净利润，采购成本每降低 1%，企业的利润率将增长 5%～10%，而且这个增长通过内部管理提升就可以实现。

（3）采购控制 100% 的原材料库存，进而影响公司的现金流出。

（4）采购人员用心谈一个单子，可以节省下他全年的工资。目前很多采购人员的薪资占采购成本的比例少到可以忽略不计，采购干的都是良心活儿，所以对采购的投入回报比可能是最高的。

（5）企业高管要向销售要收入，更要向采购要利润，向采购要供应链竞争优势。因此，应把采购职能从保证供应升级到成本管控中心，再从成本管控中心升级到利润中心。

（6）采购部门管理着企业最重要的外部资源（合作伙伴），这将决定企业明天的竞争优势。

（7）你可以不重视采购管理，但你的竞争对手会。

经济新常态下，采购系统升级正当时。采购，请亮剑！

1.2 供应链与采购

"The competition in the future is not going to be between individual organizations, but between the supply chains they are part of." **未来的竞争不是企业和企业之间的竞争，而是供应链之间的竞争**。Martin Christopher 教授这句名言现在大家都耳熟能详，但更重要的是如何理解这句话背后的内涵与指向的趋势。

1.2.1 供应链的竞争

供应链的竞争，可以用图 1-2 来说明。

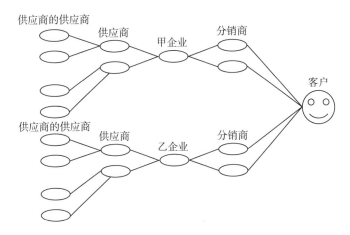

图 1-2 供应链的竞争

甲企业与乙企业带领各自的供应商团队展开了一场 PK 赛，目的是满足客户的需求，赢得客户的芳心。哪家的质量、成本、交期与服务综合指标更让客户满意，哪家就在供应链竞赛中胜出。这场竞赛需要供应链团队成员面向客户，达成共识，高效协作。由于现在传统行业供过于求，产能过剩，企业关注焦点从以内部产品为中心转向以客户需求为中心，一家企业供应链管理水平的高低，主要看其满足客户需求的程度这个外部指标。所以供应链最准确的翻译应是**供需链**，即客户需求是驱动供应链变革的最大动力源。随着越来越细的专业化分工，组织对外部供应商资源依赖度越来越高。举个例子，现在的整车厂如果离开配套供方的协助，甚至无法生产出一辆完整汽车；如果一家供方出现了交期或质量问题，那就意味着整条供应链的全体伙伴都要受到不同程度的影响。

1.2.2 采购不等于供应链

很多企业管理者有个认识误区，认为供应链管理就是采购与供应商管理。这个认识误区导致企业无法发挥供应链的价值。国务院办公厅 2017 年 10 月 5 日发布的〔2017〕84 号《国务院办公厅关于积极推进供应链创新与应用的指导意见》，对供应链管理的定义："以客户需求为导向，以提高质量和效率为目标，以整合资源为手段，实现产品设计、采购、生产、销售、服务等全过程高效协同的组织形态。"

这个定义清晰说明供应链是满足客户需求的端到端的全过程。其核心目的在于满足客户需求，要求供应链上下游业务流程相互集成，物流、信息流、资金流高效协同。采购不等于供应链，采购只是供应链的上游环节，即供应物流。它需要和中游生产物流、下游销售物流有效协同与衔接，才能实现供应链的竞争优势。只是采购职能离客户需求变化最远，又有多家供方需要协调，问题最容易在供应端爆发。问题在采购端爆发，其实并不意味着就是采购的问题，这是个系统叠加的结果。但采购确实是很多企业供应链最薄弱的环节，反过来说，也是潜能最大的地方，企业高层必须在经营理念与行动上都给予足够重视。采购问题很难在采购部找到解决方案，要站在整个供应链甚至价值链的高度才有解决办法。

1.2.3　站在供应链的高度做采购

上面介绍了采购是供应链的上游环节，属于供应链的一个职能，要想管好采购，就要站在供应链的高度，以"终"为"始"来管理。

第一，将供应链战略分解，制定采购战略，以采购战略支撑供应链战略。

站在供应链管理的高度做采购，要求采购管理者先搞懂企业供应链的类型。我们企业的供应链，到底是偏向"省"（精益型供应链），还是偏向"快"（敏捷型供应链）？然后依据供应链类型制定相应采购战略。

如果企业做的产品属日常型、大众化产品，客户选择产品时更看重性价比，需求相对稳定，有一定销售预测准确度，那么该企业的供应链应属于精益型。典型代表有丰田汽车、统一方便面等。精益型供应链强调成本优势，往往围绕成本做持续改善。这时采购战略应以低成本为导向，每年要给供方设定 Cost Down（成本降低）的指标。选择供应商时，要将持续成本降低的能力当作重要指标。

如果企业做的是创新型产品、流行时尚类产品或客户订制型产品，产品需求波动比较大，难以预测未来市场，供应链需要以柔性、快速应对市场变化，那么这家企业的供应链类型就属于敏捷型，典型代表有苹果、特斯拉、快时尚的服装品牌 ZARA 等。采购战略应以快速响应为导向，选择供应商时，要将快捷、柔性当作重要指标。

⚠ 企业自评

我们企业的供应链类型偏向：＿＿＿＿＿＿；（精益型供应链/敏捷型供应链）

我们企业的采购战略导向是：＿＿＿＿＿＿。（低成本/快速响应）

⚠ 注意

有些企业可能会因老产品与新产品定位不同，而存在两种不同类型的供应链，老产品以低成本为导向，强调"省"；新产品以差异化为导向，强调"快"。

第二，以供应链的关键绩效指标来定采购部门的关键绩效指标。

供应链管理的指标纷繁复杂，但究其本质有两个方面：一是让客户满意，二是自己利润高。

如果把上述两项再分解：让客户满意，质量就要好，交付就要快、准；利润高，企业就要成本低、库存低。

于是，在供应链管理上有了两对矛盾：一对矛盾是如何平衡质量与成本，一对矛盾是如何平衡交付与库存。

供应链管理人必须认识到如下两个原理：

高质量才是低成本。这是因为成本里包含质量成本。有些供方质量不好但价格可能很低，这时企业会发生鉴定成本增加、返工返修、停线、客户索赔的损失，导致成本大幅上升，最后价格最低的供方总成本反而最高。与质量高的供方合作，可以实施免检、减少返工返修、减少客户索赔，总成本反而最低。所以对供应链而言，高质量才是低成本（有可能价格高，但总成本低）。

低库存才能快交付。企业资源有限，高库存往往会导致低齐套，造成**该来的不来，不该来的库存一大堆**。用《俄罗斯方块》游戏解释这个原理最简单：库存越低，齐套越容易，交付越快；库存越多，齐套越难，现金枯竭，死得越快。你观察一下周围的企业，会发现库存越高的企业，往往交付问题就越突出，而快时尚的 ZARA、丰田汽车，在强调低库存甚至零库存时，交付绩效反而遥遥领先于竞争对手。

供应链管理要平衡质量与成本、交付与库存，就意味着对采购也要考核这两对平衡指标。

- 供应商的质量——供应商的成本
- 供应商的交付准时率（O.T.D）——原材料的库存周转率（I.T.O）。

⊘ **注意**

在关键绩效指标考核上不要考核单一指标，否则势必牺牲其对应的平衡指标，如企业只考核采购部门采购降本率，那么采购部门很有可能通过牺牲质量，找质量差但价格低的供应商来完成自己的 KPI；当只考核采购部门准时交付率时，采购部门很有可能会通过多买、多备库存来完成考核指标。所以对采购部门要考核平衡指标而非单一指标。

第三，以客户选择、评价我们的标准来选择、评价我们的供应商。

在企业培训时常被问到这类问题：选择供应商时，如何设定指标与权重？质量权重是占 40% 还是占 50%？类似问题的背后，是企业各个职能部门在争夺供应商选择的决定权。如果只站在企业角度，你会发现这个问题是无解的，但如果站在供应链管理的高度，答案却是非常清晰的——核心客户如何选择我们，我们就如何选择供应商；客户如何评价我们，我们就如何评价供应商。如果客户选择我们，权重分配为质量 50%、成本 30%、交期 20%，我们选择供应商时，也得按照质量 50%、成本 30%、交期 20% 的权重分配。只有这样选出的供应商才能助力我们的供应链，我们的供应链才能让客户满意。所以，我们的供应商管理，要站在供应链的高度，以客户管理我们的方式进行。

第四，以供应链的系统思维来做采购管理。

很多企业在降库存时会经常做一些零和游戏，比如打着 VMI（供应商管理库存）的旗号，但目的却是将自己的库存转嫁给供应商：供应商的货放到我们的仓库，不算我们的库存，仍算供应商的，我们什么时候领用什么时候算我们的，有的企业还借此收供应商租金。这种以转移库存为目的的所谓的" VMI "活动，长期看没有任何成效。因为这份库存无论怎么转移，都存在于供应链当中，存在就会有库存成本，谁最终来支付这个库存成本？肯定是供应链的核心企业——我们自己，因为羊毛出在羊身上。**采购人员必须把供应商的库存当成自己的库存**，不要在供应链间玩库存转移的零和游戏，而要基于供应链上下游一起做库存削减的双赢活动。

当你站在供应链的全局系统思考时，你会发现更多的采购降本空间。从供应链的角度来看，采购成本由供应商产品成本 + 供应商的利润 + 物流成本 + 库存成本 + 质量成本 + 其他成本（如订单处理、商务接待等费用）构成，如图 1-3 所示。

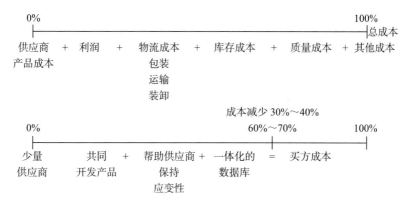

图 1-3 供应链的维度—采购成本构成

很多企业所谓的"Cost Down"成本降低活动，实际上就干了一件事，就是不断地压榨供应商的利润。这样做的直接后果是破坏我们与供应伙伴之间的关系，损害供应链的韧性，造成质量与交付等一系列问题。当我们从供应链系统全局思考，以 TCO（总体拥有成本）最优为目标时，会发现我们还有很多健康降本的方法，比如帮供应商降低产品成本，降低双方之间的包装成本、运输成本、库存成本、质量成本、商务费用等。我们还可以对供应商数量进行整合、与核心供方共同开发产品、与供应商高度协作等，这些都可以有效降低供应链的总成本，而且是以健康、双赢的方式来降低的。

很多采购问题的产生、很多采购人员的纠结，根本的原因是：你站的高度不够。请高管与采购管理者站在供应链的高度，以全局观、系统观、多赢思维来规划采购系统。

1.3 采购系统的 4 个层级

要想做好采购系统升级，首先需要了解采购系统的构成。

采购系统从低到高可以分为 4 个层级，业务层级、管理层级、跨部门协同层级、跨企业供应链协作层级，如图 1-4 所示。下面一一介绍。

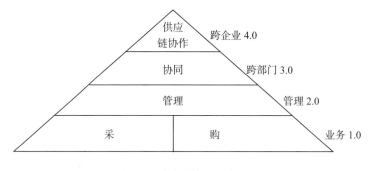

图 1-4 采购系统的 4 个层级

第一层：业务层级

业务层级即采购具体业务的操作层级，可以细分为两部分："采"与"购"。"采"从需求管理开始，到品类规划、规格决定、供应商寻源评估、谈判，直到合同签订为止。"采"偏重战略性，重点在于寻源。"购"指根据采购计划，下单、跟催、入库结算，并对供应商的供货进行绩效反馈。"购"偏重操作性，重点在于供应。

企业因发展阶段、企业规模、文化习惯、管理水平、采购物资特点不同，大抵形成两种业务模式："采"与"购"一体化的一条龙模式；"采"与"购"职能相分离的两段或多段模式。

一条龙模式的优点是效率高，少推脱；"采"与"购"分离模式的优点是专业分工，相互制衡，避免采购腐败。无论采用何种分法，业务上必须明确下列问题。

（1）本企业"采"与"购"哪部分对公司的盈利贡献大？

你的答案：

（2）本企业采购人员的主要时间和精力是放在"采"上还是"购"上？

你的答案：

通过调查，我们发现很多企业都认可"采"对公司盈利的贡献大，但很多企业采购人员的时间与精力却放在了"购"上，天天忙着下单、催货、处理内部流程、应付突发情况。而对公司盈利贡献度大、应该放在战略位置的"采"，却无暇关注。由于战略性"采"的缺失，导致操作性"购"也变得混乱。

第二层：管理层级

采购是一项业务，采购管理则是一个系统。几乎所有的企业都有采购，但不一定所有的企业都有采购管理。

采购管理指对采购业务进行策划、控制和改进。具体而言：要制定采购战略，确定部门目标；依据战略与目标，制定业务流程和管理制度；根据业务流程设置组织架构；根据组织架构建立采购团队胜任力模型，进行团队建设、人才培训、绩效考核；最后，用信息技术、电子工具对上述过程进行固化，并在实践中不断优化改进。在这个阶段，**采购经理应从具体业务中抽离出来，甚至不做具体业务，专职从事管理性工作**，即企业对于采购经理的定位应是一位管理者，而不是一位高级采购员，如图 1-5 所示。

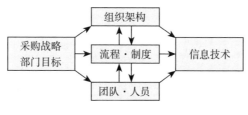

图 1-5　管理层级

第三层：跨部门协同层级

解决了采购内部的管理问题后，要让采购出绩效，还需做好企业内部跨部门之间的协同。只有基于系统协作，各部门形成共识与合力，企业才能减少因部门墙而引发的消耗，消除因跨部门协作不良造成的过多的品类、过高的标准、不产生价值的个性化定制、不必要的流程等诸多浪费，从根源上降低采购的总成本。

如果用人来形容采购系统，那么：

- "头"是企业高层管理者，要对采购系统理解并最终决定采购战略与目标。
- "躯干"是采购经理，要承上启下，做好管理工作。
- "手"是采购利益相关方——研发、生产、质量、仓管、财务，这些部门不仅对采购有很大影响，往往还有部分采购决策权，好的系统需要利益相关方产生共识与相互配合。
- "腿"是采购业务员，按组织意图，具体执行采购业务。

如图 1-6 所示，只有头、躯干、手、腿各部分上下、水平协调一致，企业才能走得稳，不摔跤，大步向前。

图 1-6　企业内部跨部门协同层级

第四层：跨企业供应链协作层级

在内部跨部门协同基础上，企业发现如果离开了供应商的高效协同，企业的采购战略便无法落地，质量、成本、交期也无法得到保障。于是企业开始推行与供应商之间的协作，强化以客户为中心，对供应链伙伴的质量、成本、交期进行联合改善，实现信息共享、管理实践共享，互相支持，互相帮助，全面提高供应链团队成员的凝聚力与协同能力，使供应链成为共赢链，进而打造一个可持续发展的生态系统。这时企业的采购系统已进入供应链管理领域，其管理对象是一个个独立的企业，管理的目的是通过价值创造，实现供应链的多赢、可持续发展。

需要说明的是，因理念与发展阶段的差异，不同国家、不同企业之间对采购系统的关注度有所不同。日本企业更关注跨企业供应链协作层级；欧美企业往往更关注管理层级，推行战略采购与流程建设；中国国企也主抓管理层级，但倾向于推行集中采购与招标采购，偏重制度建设；中国民企则偏好实用主义，往往老板的想法决定采购系统的未来走向。

⚠ 企业自评

我们企业目前在_____层级；

下一阶段要去_____层级；

我们应该做什么：_____。

采购 4.0 系统进化的成因、驱动力、路径到底是什么？请看下一节。

1.4 采购 4.0 进化

1.4.1 需求驱动

马斯洛把人的需求分解成 5 个层次：生理需求、安全需求、社交需求、尊重需求和自我实现需求，如图 1-7 所示。这些需求驱动着人类社会不断前进。

图 1-7 马斯洛需求层次

对企业的采购而言，也有类似的需求在不断驱动采购系统升级。尽管有些企业升级过程中会出现曲折和反复，或小概率的突变，但更多企业的采购系统是被需求驱动，稳定地逐阶升级。

结合实践，我们总结了企业采购系统的需求驱动，这些需求从低到高依次是：

1. 保证供应的需求

"别断线了"，这往往是企业初创期的基本需求。由于供应资源不足，缺乏有效管理，这个阶段企业最关心的就是按时到货，保证生产。

2. 获得最优价格的需求

在保证供应得到基本满足后，企业会发现自己有些物资买贵了，花了冤枉钱。为赢得竞争优势，此时企业有了和竞争对手价格比对的需求，确保自己拿到最优价格。

3. 总成本最优的需求

企业追求价格最优本无过错，但最低价格并不一定能带来利润增长，最低价格还可能引发质量、供应商关系等方面的问题，有些企业的价格最低，但容易引发质量问题、交付问题，造成客户索赔，最终很有可能总成本反而非常高。企业开始重视产品的全生命周期管理，通过对总成本的统计分析，通过消除浪费、优化品类、优化规格、优化流程等，使总成本最优。企业从追求价格最优提升为追求总成本最优。

4. 与供应链伙伴创造价值、实现多赢的需求

企业在发展的过程中，发现"瓶颈"往往来自合作伙伴的能力限制与协同关系，认识到"未来的竞争不是企业和企业之间的竞争，而是供应链之间的竞争"。如何与供应商乃至供应商的供

应商携手合作，创造价值，打造供应链协同体系？这成为重要课题。企业开始重视发挥供应链伙伴的专业优势，在关系上与供应链伙伴利益共享、风险共担、互帮互助；通过创造价值，把蛋糕做大；谋求与客户、供应链伙伴、员工、利益相关方实现多赢，建设供应链可持续发展的生态系统。

采购系统的需求驱动如图 1-8 所示。

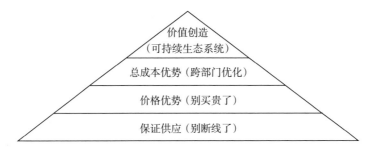

图 1-8　采购系统的需求驱动

ⓘ 企业自评：

目前我们企业的需求是：_____

我们进一步的需求是：_____

我们应该做什么：_____

1.4.2　采购 4.0 进化路径

在采购与供应链培训中经常收到这样的反馈：老师讲得太好了，应该让我的老板和其他部门负责人也来听一听，他们不理解的话，回去也推不动。这让我有了反思，为什么采购培训中好的理念、工具与最佳实践无法在企业落地，产生绩效呢？因为采购是一项业务，采购管理却是一个系统，如果要让采购管理升级，实现降本增效与竞争优势，必须基于系统来改善。除了基于系统改善，还需要一个采购管理发展规划路线图。"不识庐山真面目，只缘身在此山中"，企业需要简单而有效的方法评估自己目前在哪里，未来要去哪里，然后规划一个科学的发展路径。

为解决这个问题，根据企业采购系统层级与需求驱动层级，结合多年企业实践与咨询总结，我们从采购管理的关键主体（人）与采购管理的关键手段（事）两个维度，把采购管理划分为 4 个阶段，为识记方便，将这套采购系统升级理论命名为采购 4.0。

采购 4.0 系统升级路径以降本增效 + 转型升级的双引擎展开。以降本增效推动管理升级，以转型升级实现降本增效，两者互相促动，互为动力。在双引擎的外围，是采购管理层级，包括采购战略、流程、组织架构与信息工具。这两层实现 PDCA（计划—实施—查核—改进）的闭环，如图 1-9 所示。

图 1-9 所示的采购 4.0 总图的外层是采购 4.0 的具体系统升级路径。为了让读者更容易理解，按发展阶段、采购系统、需求驱动、关键主体和关键行为 5 个关键要素对采购 4.0 各阶段进行汇总与对比，见表 1-2。

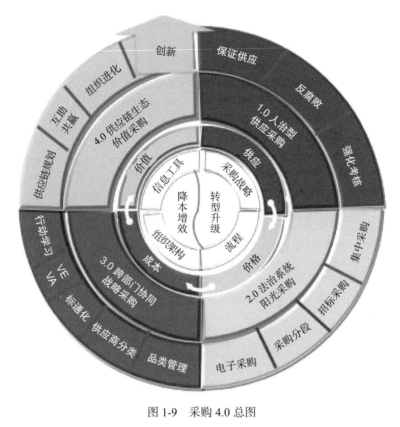

图 1-9　采购 4.0 总图

采购 4.0 进化路径可以为企业提供下列 3 个帮助。

1. 采购系统升级的导航系统

车载导航系统 GPS 的价值在于它简单明了：你在哪里（定位），要去哪里（目标），规划路线（导航）。本书用 GPS 的运作思路，采购 4.0 每个阶段都有各自的特征与典型的问题，以此帮企业进行自我定位；给出了下一个阶段在哪里、是什么；详细描述了企业在每个阶段的关键任务是什么、如何做。企业可以据此规划属于自己的实施路径，然后开始导航，在管理升级与降本增效的道路上驰骋。

表 1-2 采购 4.0 各阶段特征汇总表

发展阶段	采购系统	需求驱动	关键主体	关键行为
采购 1.0 供应采购	业务层	保证供应	采购员 人治型	保证供应、优化流程、反腐败、强化考核，升级 2.0
采购 2.0 阳光化采购	管理层	价格优势	系统 法治型	建章立制、集中采购、招标采购、采购分段、电子采购，升级 3.0
采购 3.0 战略采购	跨部门协同层	成本最优	跨部门	品类管理、供应商分类、标通化、VE/VA、行动学习，升级 4.0
采购 4.0 价值采购	供应链协作层	创造价值 可持续发展	跨企业	供应链规划、互助共赢、辅导支持、供应商参与，组织进化、持续创新

2. 采购降本增效的实用指南

采购 4.0 的关键行为是基于企业降本增效来设计的，结合笔者企业实践与采购降本咨询总结，选取了一些实用的降本工具与方法，并以情境化的方式进行了归纳，相当于每个阶段，都有一个降本工具箱。如果标准化、VE/VA、集中采购等应用得当，可以实现 10% 以上的采购成本降低，而且是健康的，这对企业开展采购降本活动会有较大指导意义。有些复杂、风险高的采购行为，如集中采购，我们给出了标杆企业的实际案例，以便企业应用时参考。

3. 适合团队学习，达成共识

企业要实现降本增效、管理升级，除了情境化，还要解决顶层设计与系统协同的问题，即公司高层、相关职能部门与采购部门达成共识、共同推进。总经理与高管团队要重视采购价值，指导采购管理升级，倾听采购人员心声，因时制宜，配套相应资源与激励体系。采购管理者要提升专业，产出绩效，对接公司战略，以战略思维、正能量帮助企业降本增效、管理升级。其他相关职能部门，包括技术、质量、生产、物流、财务等，要理解采购要求，做好采购协同，助推采购升级。

最后一个常见问题：采购 4.0 系统升级路径可不可以跳级，比如直接从 1.0 跨到 3.0 或从 2.0 直接跳到 4.0？依笔者观察，跳级比较难，采购 4.0 升级路径就像一个孩子的学习过程，从幼儿园到小学，再到中学、大学。采购 4.0 的每个阶段是与企业发展阶段所需要解决的问题相对应的；而每个阶段，又是下一个阶段的基础。对系统的认识与提升需要循序渐进，就像父母总想直接告诉孩子一些结论，但孩子往往只有自己经历过了，才会真正理解与认可。大部分企业的采购系统升级，是遵循采购 4.0 发展规律的。

下面让我们沿着采购 4.0 的一个个台阶，向着采购系统升级之路稳步出发，降本增效、管理升级，以绩效赢得尊重，以管理升级应对经济新常态吧！

1.5　学以致用

学

请用自己的语言描述本章的要点：

思

描述自己企业的相关经验与本章对自己的启发:

用

我准备如何应用? 我希望看到的成果是什么?

会遇到哪些障碍?

解决障碍有哪些方法、措施、资源?

第 2 章

采购 1.0——供应采购

2.1 保证供应的小采购

2.1.1 有一种采购叫作老板眼中的采购

列夫·托尔斯泰有句名言："幸福的家庭都是相似的，不幸的家庭却各有各的不幸。"对企业的采购管理来说正好相反："幸福的采购管理各有各的不同，不幸的采购却都是相似的。"前不久，笔者给民营企业 F 企业做咨询诊断，这家企业成立 8 年了，老板亲抓市场，业务能力极强，资产做到 6 个多亿，企业大了，利润却没增长。用老板的话说："从鸡叫干到狗叫，都白干了。"

笔者给这位企业老板做访谈，其核心观点有以下 3 个。

（1）**价格高**。通过各种渠道了解到，我们的采购价格总是比别人家的高（有证据证明托盘、电动工具价格比别人高）。

（2）**能力差**。采购成本占销售额的 60% 以上，2016 年的市场行情差，必须让采购把成本降下来，但是现有的采购人员能力不足，很难达到公司的要求。

（3）**库存高**。看看我们的库房，堆满了物料，但需要的产品总是不能及时供应到位，呆滞物料非常多，缺乏有效管理，怎么能既不断货又减少库存？

笔者给这家企业的采购总监做访谈，总结了以下 4 个痛点。

（1）**没计划**。采购部只有 6 个人，5 个人负责所有生产物料类采购，1 个人负责 MRO（运营、维护、修理）类采购，工作量非常大。但是整个公司生产销售没计划，经常出现紧急采购，全员包括我（指总监）天天都在忙催货，部门工作四处着火，应急都让人忙不过来，还能做什么有质量的工作？

（2）**付款差**。采购遇到最大的困难是财务付款拖欠，货款一拖就是几个月，供应商不停地催款，不愿意与我们合作，所有的采购都得求着供应商。因为拖欠供方货款，供方每个物品的报价都比别人贵，我们明知价格贵，但为了避免生产断线，硬着头皮也得买。付款不及时，采购拿什么得到好价格？

（3）**个性化需求多**。很多物料都是研发指定的，研发要求只能使用这个型号，供方不降价我们也得用，同样的东西有很多的型号和类型，采购额分散没有谈判空间，很多厂家都要求预付款。公司资金运转越来越困难，物料采购不得不用经销商，他们可以帮我们垫支，物料每过一次手就会增加一次成本，公司还向我们要价格。

（4）**内部沟通不畅**。各个部门都不理解采购，需求杂乱、没计划，内部手续流程冗长，别的部门经常刁难，总觉得采购拿了供应商回扣，还得应付供应商要债。

这家企业具有比较典型的采购 1.0 的特征，在企业初创期，首要的任务是把产品生产出来，企业对采购第一要求是保证供应、追求效率、避免推诿扯皮，加之要控制人员成本，往往把所有采购责权都放在采购员身上。在这个阶段，老板基于信任用人，而又因缺少有效的流程管控，容易产生信任危机。整体特征为人治型，我们把这个阶段称为采购 1.0 阶段。

2.1.2 采购 1.0 阶段的 5 个特征

采购 1.0 阶段的 5 个特征如下：

1. 负责物品单一，规模效应差

采购部只负责与生产有关的物资采购。行政类、人力资源类、销售类采购项目由各相关职能部门自行完成。缺乏统一的安排和调配，采购类别比较分散，形成不了规模优势。

2. 绩效管理靠"人"

采购员从接到内部客户的需求开始，开发、选择供应商、谈判、签订合同、跟单、付款，全由一个人一条龙负责到底。权力缺乏监管，容易引发采购风险，为了避免风险，企业往往设定很多审核环节，又容易造成手续繁杂、效率低下。由于审批人员离业务太远，很难实现有效监管，只管签字，不管审批，出了问题大家都有责任，所以反而不易发现问题。

3. 忙业务，少管理

采购部包括采购经理在内都在做采购业务，忙于供应商谈判、催料、救火。在这个阶段的企业对采购流程、采购战略、人员分工、数据分析等管理工作严重缺失，企业上下包括采购经理根本没有能力和精力做管理与优化。

4. 无处申冤被误解

企业很多部门都戴着有色眼镜看采购，认为这是个肥差。在企业内部其他部门往往认为采购是最好做的工作，因为采购就是花钱买东西，花钱还不容易？但现实是采购人员被供应商和内部客户夹在中间，业务难做，行事谨慎保守；收入很低（与公司司机差不多），缺乏职业成就感。

5. 要求与现实不一致

在采购绩效上，采购人员的目标是保证供应（把东西买回来），而企业高管则认为：保证供应只是基本职责，采购还要阳光化、过程透明化，并且要保证采购的所有物资能拿到市场的最低价。

2.1.3 发育失衡的采购 1.0

如果用人来比喻采购 1.0 阶段这个状态，就是刚出生的孩子还未发育好：脑与身不协调，手与脚不协调。我们借着图 2-1 来分析一下各个利益相关者的真实需求。

图 2-1　采购 1.0 阶段众生态图

- 高管想：价格要好，过程阳光化！

- 内部相关方：采购是为我服务的，他们什么也不懂，我让他们买什么他们就得买什么；采购总是不及时。

- 采购经理：经常出供应问题，我得亲自冲上去协调供应。

- 采购人员：忙供应（能把东西买回来就不错了）；四处着火，没有成就感，天天被投诉，精神快分裂了。

这个时期采购人员心态上很像受气的"小媳妇"，总想得到"婆婆"的认可，但又不知道如何证明自己。采购人员在行为上很像《喜剧之王》里的尹天仇，知道自己是个演员，但总给人一种感觉，你是个跑龙套的。采购 1.0 的这些特点所引发的企业不良结果，归纳起来有 4 大共性问题急需解决。

第一，从供应链层面拖欠供应商货款的致命问题。

第二，采购怎么来保障供应、优化流程。

第三，公司高层要考虑怎么做好绩效管理才能帮助采购产出绩效。

第四，从公司层面怎么实现真正的采购阳光化，保障流程合规。

我们将在下面的章节一一展开，探讨这些问题的解决方案。

2.2　供应商的货款你敢拖欠吗

企业总是拖欠供应商货款，这是采购最怕遇到的事情，经常遇到很多企业欠钱还要让供应商继续发货的情况。首先说明一点：按时付款是商业社会的基本准则，供应商给你提供了符合质量要求的货物与服务，你按约定付款，天经地义。供应商之所以给你账期，要么是你企业有信用，要么是你个人有信用。如果两个信用都被透支了，连企业带你个人在这个行业或地区也就臭了，你很难有机会再驾驭供应商资源了。但现在，"客户拖欠企业的货款，企业就拖欠供应商的货款"成为一个普遍现象，实属中国实体行业的一个悲哀。

笔者的战略合作机构，除了开"供应链降本"班之外，还另开了一门"应收账款催要"班，每次上课都发现隔壁"应收账款催要"班的人爆满，笔者心里很痛。造成这种现象的原因有两个：**第一，整个国家未建立企业信用评价体系（这方面淘宝店家们都走在前面了）；第二，采购人员不专业，没做好运筹，从而引发这类问题。**

让你欠下巨款的 3 种情形如下。

1. 恶意拖欠

老板恶意拖欠，企业有钱，老板就是不想付给供应商，想多占一会儿供应商的资金来干自己的"大事"。这时怎么办呢？**其实这个最好解决：你如果是采购，那么最好立刻离职，且离职前尽量将对供应商的承诺兑现**。因为这是一家没有未来的企业，君子不立危墙之下。在今天没有一家 500 强企业、行业领军企业是靠拖欠供应商货款而做大、做强的。还有一些企业，总有一些"聪明人"，表面上是为企业好，帮助企业多滞留供应商资金，让其产生利息收入：设置长流程，层层审批签字，让供应商一关一关去讨要，甚至一到春节，就让财务经理早早休年假以冻结付款。问题是，供应商不明白吗？供应商不知道资金是有利息的吗？有没有想过这样一个事实，你不按时付款，就会打乱供应商资金计划，使供方付出更多的时间与融资成本，下次报价时一定要连同这些和利息统统加到报价里，如果加不成也会减少相应的服务。这些企业"聪明"的做法，长久下去会让供方寒心，会让合作伙伴越来越少，也会让成本越来越高。这类缺乏长期双赢智慧的企业，长久来看害人害己。

2. 资金流问题

老板和采购人员也想付，但是由于客户那边的应收款延迟支付，造成企业没有足够的现金流支撑企业付款给供应商，属暂时性的现金流动困难（请大家注意，凡是客户拖欠货款，归根结底

还是客户的采购在执行)。在这种情况下,公司层面要做好两点:
一是加强客户应收账款催要,把应收账款当作销售人员最重要的
KPI;二是对客户按信用进行分级评定,对信用不好的客户,应
果断改成款到发货,宁可不合作,也不要产生呆账。大家注意,
不能一味迁就客户,把因客户应收款拖欠的问题压力都转移给供
方,因为供方的承受力是有限的,一旦客户欠款养成习惯,而供
方又被逼到临界值,集体联合讨要货款,那么这家企业就会立即
崩盘。这样的事在过往已经发生过很多了。

在采购层面,这时采购人员应主动出面拜访、安抚供应商,
说明情况,获得供应商的支持与理解。千万别嫌供应商催款烦,
关手机不接电话搞失联,这极容易引发供方集体恐慌,从而引发
挤兑破产。另外,积极协调财务与销售回款,并做好给供应商的
分期付款计划。如果真的出现资金困难,也要通过资金占比数据
分析,按总额分成 A、B、C 三类。

A 类供方数量只占总量的 10% 左右,金额占到应付款 70%。

B 类供方数量只占总量的 20% 左右,金额占到应付款 20%。

C 类供方数量占总量的 70% 左右,金额占到应付款 10%。

请问如果拖欠货款,你会拖欠 A、B、C 哪类供方?

你的答案:_____类

　　笔者的答案是一定不要拖欠 C 类供方的钱，要保证 C 类的准时付款（数量多，但金额小），拖欠 C 类供方既不符合天道，解决不了你企业的资金困境，也不符合人道，这些供方体量很小，对资金依赖度更大，你的拖欠，关乎其生死，所以向你要款也最急。对于 A 类供方，往往实力很强，应收款往往是财务管控问题，不是生死问题，反而要重点攻关，主动拜访，说明情况，分期付款。而对 B 类，我们要争取这类供应商的理解与支持，在资金流得到缓解后能迅速解决这部分问题。

3. 采购不专业，花钱没计划

　　最可怕、占比最大，也最应引起企业重视的就是采购人员不专业造成的货款拖欠，这个涉及采购人员专业性的问题，解决好了可以极大缓解第二种情况下的欠款问题。我们借用一个生活案例来说明这个道理。

　　一个家庭，先生每天赚回 80 元，交给太太家用。太太去楼下米店买米，米 1 公斤 4.5 元，月结。如果一次性买 1 吨可按 4 元/公斤结算，而且店家送货。这时太太发现按吨买便宜，于是一次买了 1 吨米共花了 4000 元放在家中库房，太太算得很清楚，我给家里省了 500 元成本，减少了去米店的次数，也保证了做饭时都有米，感觉是一次成功的采购。但到月末，供应商要结 4000 元账，太太发现家里钱不够付了（只有 2400 元可用现金），要拖欠米供应商货款；同时连醋、盐的钱都不够付了，各家供应商都上门要账，太太不从自己身上找原因，却开始指责先生为什么没钱付给供方，没钱让我以后怎么做采购？其实这个问题真正根源在太太采购"不专业"上，太太没有按家里有多少现金决定备多少库存来采购。

在采购 1.0 模式下采购部门很像这个例子里的太太，一方面总想按最低价格去买；另一方面因为断线断怕了，总想多买些放在库里，心里才踏实。很多企业只考虑价格，不考虑资金利用率，缺乏对采购系统的一个重要指标——库存周转率进行考核，经常大批量做季节囤货或投机采购。这就使大量宝贵资金变成了原材料库存，躺在库房里睡大觉，一到关键的付款时间却没钱支付，造成拖欠。

前文讲的 F 企业，年销售额 6 亿元，物料成本占比 60%，收款平均用时 60 天，付款平均用时 55 天，F 企业的客户总是缺钱，总是拖欠供应商货款，供应商因为总是被拖欠而给 F 企业比竞争对手高的价格。笔者访谈时问了老板库存周转率，老板从来没算过，也没有人和他说过。采购自己决定，要买多少走个审批就买了。导致这家企业出现供方拖欠、资金紧绷的原因在哪儿呢？库存周转率！

库存周转率对企业而言，不仅仅是呆滞库存、仓储的问题，更重要的是一个企业的资金利用效率问题。库存周转率次数越高，意味着企业占用的资金越少，意味着你的资金效率就越高，现金流充沛，企业就健康。库存周转率怎么计算呢？

库存周转率＝销售的物料成本／财务期平均库存，注意不是销售额，是销售的物料成本。F 企业销售的物料成本＝6 亿元 ×60%=3.6 亿元。

库存周转率与现金之间的关系是：需要的现金＝（销售的物料成本）/365×（平均应收款周期 +365/ 库存周转率 – 平均应付款周期）。

假设 F 企业目前库存周转率是 10 次，那么可以计算它需要的周转资金是：3.6 亿元 /365×(60+36.5−55)=0.41 亿元。但如果库存周转率为 20 次，那么需要的现金＝3.6 亿元 /365×（60+18−55）= 0.23 亿元。也就是说，周转率越高，F 企业需要的资金就越少。需要的资金少了，给供方的付款就能转开了。反过来，也可以根据公司能给予的流动资金，算出应该达成的库存周转率。如果 F 企业就给 1000 万元现金，那么应达成的库存周转率为：1000 万元 =（36 000 万元）/365×（60+365/ 库存周转率 −55），库存周转率要达到 73 次，平均库存持有天数不能超过5 天。

库存周转率考核缺位的原因，有的是公司老板不懂，采购人员也不懂；有的是老板不懂，采购人员懂，但采购人员不想给自己找麻烦，所以也不提这个指标。有人说这个指标应该放入考核计划。在采购 1.0 下，买多少往往是采购人员自己把握，即使有计划，有信息系统，由于供方有最小订量（MOQ），最终决定权还是在采购人员手里。没有指标约束的采购人员一下单，恨不得把一个季度的量都买回来，一方面量大有价格优势；另一方面下完这个单子，就可以玩电脑了，也不用担心断货引发停线（愧对当年美资企业的老东家，当年笔者也隐瞒了这个指标，还好东家财大气粗，没出现拖欠供应商货款的事）。如果库存量太大，资金链就会紧绷，造成供方货款拖欠。

　　所以，各位采购伙伴，从今天开始，就应该让库存转起来，多批次、小批量频繁订购，仅买需要的量很重要。各位企业家、高管，一定要记得考核采购（计划）部门的库存周转率。那么怎样能让库存转起来，又不至于断货呢？

2.3　既保交期，又管好库存才是硬道理

2.3.1　工作优化矩阵，用最少的时间做最有价值的事

　　采购 1.0 阶段，采购部门天天忙着催货救火，保证供应，都在做紧急的事，也就没有时间做对企业重要并且有价值的事情了。

　　20:80 法则告诉我们，不是所有的工作价值回报都相同，你80% 的绩效与成绩取决于你 20% 的关键工作。这里介绍一个工具来帮助采购人员优化自己的工作，引导自己抓对重点、做对事情。这个工具叫工作优化矩阵（图 2-2），用价值高低与所花时间多少两个维度把工作分为 4 个象限。根据实际工作需要，让每一件事都"对号入座"，从而将精力集中在有价值的事情上。

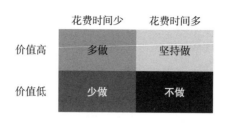

图 2-2　工作优化矩阵

具体操作方法如下：

第一，将采购部近期所有工作、所花时间全部记录下来。

第二，邀请自己的上级、老总一起来确定各项工作价值高低。

第三，将工作事项分别填入图中的 4 个象限中（价值高—时间少、价值高—时间多、价值低—时间少、价值低—时间多）。

第四，不同象限工作时间与精力的分配如下：价值高—时间少象限的工作事项，多做；价值高—时间多象限的工作事项，坚持做；价值低—时间少象限的工作事项，自己少做或授权他人做；价值低—时间多象限的工作事项，从今天开始必须做个决定——不做。

请问物料跟催对企业来说属于哪个象限？

你的答案：

请问对工作流程进行优化属于哪个象限?

你的答案:

2.3.2 拯救采购的"神器"—— 数据清洗与分析

要想将采购人员从暗无天日的跟单催料中解放出来,优化流程,我们应该采用什么措施?在多年项目咨询过程中我们提炼整理了如图 2-3 所示的数据清洗与分析步骤。

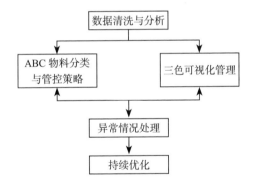

图 2-3　数据清洗与分析步骤

1. 数据清洗与分析

数据清洗与分析指对近 3 年的采购订货数据、交货数据、来料不良数据、库存数据进行整理、归类,并进行数据分析。重点分析以下项目:

（1）哪些物资采购单价高，采购频次高？

（2）哪些物资低值，但占用采购人员的工作量大？

（3）哪些物资因交期不良、质量不良，占用采购人员工作的时间多？

（4）哪些物料库龄超期？是什么原因造成这些物料呆滞的？

2. ABC 物料分类与管控策略

在数据收集、清洗与分析的基础上，做物料 A、B、C 分类，步骤如下：

（1）年耗用量统计。

（2）计算金额。

（3）采购金额统计并排序。

（4）计算每项材料总金额之占比并累计比率。

按金额累计比率将物料划分为 A、B、C 三类：金额累计比率占总金额 70% 左右的物料，属 A 类；金额累计比率占总金额 70%～90% 的物料，属 B 类；金额累计比率占总金额 90%～100% 的物料，属 C 类。

（5）绘制柏拉图，如图 2-4 所示。

（6）确定 A、B、C 物料，并确定 ABC 类管理规则。

对物料进行 A、B、C 归类后，我们对不同归类确定不同的库存管理策略与采购管理策略。

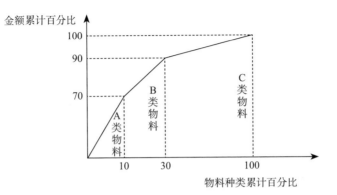

图 2-4 ABC 物料分类图

注：柏拉图与鱼骨图是做数据分析、原因分析非常重要的工具，采购人员必须
熟练掌握运用。(本文不做具体介绍，请自行学习。)

A 类物料

种类占比 10% 左右，但金额占了总采购金额的 70%，属重
点管控对象，应做最严格的库存管理。A 类存货过高会占用大量
的资金，造成现金流紧绷，引发供应商应付款延迟，因此对于 A
类物料库存管理原则是最好不备库存。A 类物料尽可能做到 JIT
(Just In Time) 采购，即仅在需要时订需要的量，且尽可能要求
供应商多批次、小批量供货。很多企业愿意做季节采购或机会采
购，对 A 类物料，应尽可能避免囤积库存，除非是战略类紧缺
物资，且没有更好的采购方式，经企业高层与财务部门批准，才
可少量囤货，否则坚决不允许大量囤货。A 类物料是采购降本的
重点。

B 类物料

B 类物料界于 A 类、C 类之间，采购策略也居于中间，可适

当少量备安全库存，多频次让供应商补货。对于经常重复使用的原材料建立拉式补料机制，即首先建立常用原料的期初库存，原材料消耗多少，采购立即下单采购多少。也可以建立 VMI 供应商管理库存的机制，把计划信息向供应商开放，供应商根据我们的生产计划与库存情况主动补货，供应商的物料直接放到我们的仓库指定区域，我们使用多少供应商补货多少。注意 VMI 必须抱着双赢的心态，考虑双方的库存成本降低，如果想通过 VMI 把库存压力转移给供应商，最终会引起供应商的反弹，通过涨价等手段使 VMI 的效果最终抵消。

C 类物料

C 类物料金额低（10%），但种类很多（占 70% 左右），很多采购人员累死在 C 类物料采购上。如果每种物料都频繁下单，一无采购量上的优势，二无库存降低的收益，三无管理成本的优势，并且供方的配合度还低。在采购方式上，尽可能将 C 类物料打包，使用综合服务类的代理商。在库存管理上可以根据年度、季度制订采购计划，参考历史数据做安全库存，在公司内部形成超市模式，内部客户可以在超市里直接选用，避免按单走采购申请流程，当低于一定库存时，通知供应商补货。

2.3.3　三色可视化管理

1. 三色可视化管理的定义

确定 A、B、C 类物料之后，在库存与采购的执行层面，向大家推荐三色可视化管理。三色可视化管理，是以齐套为目标，把物料库存当作缓冲，按紧急程度分为红、黄、绿 3 种颜色，由高到低依据红色→黄色→绿色的优先级来确定需要订货的轻重缓急。举个例子，一个物料库存状态为黄色，一个物料库存状态为红色，红色物料当下更紧急，应优先保证。

2. 三色可视化管理的应用

三色可视化管理的难点在于如何设定缓冲大小，建议从以下 3 个维度重点考虑。

（1）工厂实际消耗量（以历史的同期数据为参照）。

（2）供应商的交货周期。

（3）供应商交期的可靠程度（可靠程度越高，缓冲可以越小；可靠程度越低，缓冲就越大）。

缓冲大小设定好后，可将缓冲分 3 块，其中 1/3 以内的侵蚀，用绿色标注；1/3～2/3 的侵蚀，用黄色标注；2/3 以上的侵蚀，用红色标注。如果超过 100% 的侵蚀，则用黑色标注，表示我们已经超期或亏欠，如图 2-5 所示。

1%～33%	绿色	暂不处理
33%～66%	黄色	关注
67%～100%	红色	最高优先级

图 2-5 库存管理图解

红色表示是当下最需要解决的物料，黄色需要关注，绿色可以暂时不管。这种库存管理，一目了然，并知道物料补货的轻重缓急。三色变形：**将同一物品放置于 3 层货架。先使用上层的货，用完后订货，然后使用中层的货，当中层的货用完，正常情况下，所订的货应到位并放入上层货架。若此时上层的货未到，就要催货。**

给供应商下订单时，也依据三色来执行跟催。由高到低依据黑色→红色→黄色→绿色的优先级，计算方法：

（当前日期－订货日期）/（计划交期－订货日期）＝X

$1 \geqslant X \geqslant 2/3$：缓冲状态为红色；

$2/3 > X > 1/3$：缓冲状态为黄色；

$X \leqslant 1/3$：缓冲状态为绿色。

$X > 1$：超出为黑色，表示订单延期交付了。

下面是一家企业操作的登记表格（表 2-1），供大家参考。

表 2-1　企业订单管理表

订单编号	物料号	名称	数量	供应商名称	联系方式	订货人	订货日期	计划交期	当前日期	缓冲状态	跟催日
2016001	X1						4 月 5 日	4 月 25 日	4 月 19 日	70%	
2016002	X2						4 月 13 日	4 月 23 日	4 月 19 日	60%	
2016003	X3						4 月 18 日	4 月 25 日	4 月 19 日	14%	

两个说明：

（1）无论库存管理还是订货跟催，齐套是最高原则！ 100 个物料，99 个都来了，就 1 个晚到，相当于 100 个物料都晚到了。

（2）延展学习：如果你对三色可视化的原理感兴趣，想进一步研究，建议阅读高德拉特博士所著的《目标》一书。

2.3.4　异常情况处理

库存 ABC 已经建立，三色法也推行了，但总有些供方不能按时履约、及时交付，这时你需要重点考虑以下几点。

1. 评估供方有效产能

你可以把供应商当作一只母鸡，这只母鸡一天只能给你下 2 个鸡蛋（有效产能），而你一天要吃 3 个鸡蛋（需求），有效产能小于需求，这时你怎么催促供方也是解决不了问题的。这时你要做的是开发第二供应源，或是让供方提高产能，满足你的需求。

2. 给予足够的支持与辅导

供应商不是一个供采购不断压榨的对象，如果把我们的供应链比作一支足球队，每一个供应商都是这支球队中的一员，每一个供应商，乃至于供应商的供应商都影响着整个球队的发挥，一个环节跟不上，没有足够的能力，那么整个球队的能力就下降了。所以当遇到供应商研发能力不足、质量不合格时，我们要有意识利用我们自身的条件来帮助队友提升他们的水平，辅导供方提升能力。供应商能力提升了，创新能力强了，质量控制能力好了，生产安排更科学了，反过来企业可以从这些队友那里获得更多的支持和利益，这样我们就有机会为我们的供应链创造出一个相对健康的生态环境。

3. 建立与供应商信息共享机制

我们每个月需要给供方当月订单与下两个月的预测，以周为单位滚动；你需要向供方要两份文件，他的生产计划与出货计划，并以周为单位滚动更新；你看到你的订单已被供方排入其生产计划，而供方的交货计划也能满足你的到货计划，然后再按三色法跟催。最后想说明一点，在采购 1.0 阶段，采购经理承上启下，角色最为关键。一个优秀的采购经理，一定不是天天在救火催货、谈判，充当高级采购员，而是不断地在做流程优化工作、管理提升工作。让我们的采购人员，从低价值—时间多的工作当中解放出来，去做对企业真正有价值、重要的事情。

2.4 MRO 采购，人少活多满意度低怎么办

企业初期，采购部门的工作重心在于保证生产，主要采购物资为 BOM（物料）与 MRO（维护、修理、运营）相关物资。与 BOM 相比，MRO 采购虽然金额偏低，仅占采购总额的 20% 左右（基建占大头，但大多由项目部负责），但工作量往往占采购部门工作总量的 80%。由于企业对 MRO 采购重视不足，投入人力偏少，往往会导致 MRO 采购人员工作过载。笔者曾在一家世界 500 强车企做内训，问及对 MRO 采购的感受，一名 MRO 采购工程师回复道："生不如死，我是公司加班最多的人，也是被

投诉最多的人"。而内部客户则认为，采购人员效率低、买得慢，他们对采购部门满意度很低。大企业相对来说部门与流程健全、人员素质相对比较高，但依然存在上述状况，中小企业的 MRO 采购水平可想而知。很多从业人员陷入职业迷茫，MRO 采购的出路到底在哪里？

MRO 采购之所以难，是因为 MRO 物资具有以下特点。

（1）**MRO 物资品类多而杂**。不同于 BOM 的计划性与规律性，MRO 采购涉及的项目与物资多而杂，从抹布到设备、从备品备件到化学药剂、从劳保防护到五金工具，且有相当比重是一次性采购，不具有重复性，所以采购人员每天都在未知的领域遨游，很难成为专家。

（2）**在需求时间上，缺乏计划性，紧急采购成为常态**。内部客户在做计划时，往往不考虑采购的时间，导致采购申请单"需求时间"栏都增写的是"紧急"。有时用一个"急"已不足以表明急的程度，要写三个"急"并加感叹号表明此单真的很急。外企申请单上 ASAP（as soon as possible）常见，民企、国企经常写"越快越好"。有时内部客户上午提采购申请，中午见面就问："东西到了吗？"

（3）**在采购流程上，要经过多人签字审批，流程冗余**。一个采购申请要经过内部客户提出需求、写采购申请单（PR）、主管审批、转到采购，采购向供应商寻源、询价、谈判、签订合同，再到货验收、入库领用等多个环节。一些企业部门主管只管签字，不管审批，从而导致流程更长。流程不区分物资，金额 2 元的物资与金额 20 万元的物资走相同的流程，都要三家比价。

（4）**在需求规格上，内部客户描述不清**。"规格见生产线设备""规格见样品"等描述形式是常态。采购需要二次确认，而由于规格不清，物资的验收就缺乏标准，只能靠人为判定。经常在验收结果上出现争议与扯皮现象。

（5）**在 MRO 物资领用、使用、库存管理上要跨部门，缺乏有效的沟通与监督**。有时很急的需求，放在仓库里一两周没人领。年底盘点出现呆滞物资，找不出责任人或责任原因。

企业案例：3 个 MRO 采购员，3000 张采购申请单拖延的背后

蔡利娜入职了一家正处在筹备期的外企，任采购经理。刚上任就发现要救火。采购部配备了 3 个 MRO 采购员，但积累了 3000 张采购申请单，有的申请单已过交期 3 个月。由于申请的物料未能及时买回，造成不少项目延期，各部门对采购部抱怨极大。而询问这 3 位采购员，他们也一肚子委屈：申请单都是加急的，无法分清轻重缓急；内部客户写的所要物资的规格都是模糊的，几乎都要再确认，本来人手就有限；内部审批流程冗长，有时采购申请写的周五到货，但周五申请单还没批完；每天看几百封邮件，回复各个部门问询，还要参加会议，参加会议就坐在被告席上，承担项目延期的责任……

这种情形在筹备期的企业经常出现。其原因是 MRO 采购缺乏一套高效的采购流程，而高效采购流程的实现关键则是跨部门

之间的信息共享。如果内部客户能明白采购流程，采购能给内部客户及时反馈，双方都能看到采购全流程的数据，那么采购工作就会走向良性。蔡经理决定分两步解决 MRO 采购管理难题：一是将积累的 3000 张采购申请单清理掉；二是建立一套 MRO 采购信息共享平台，优化流程，提高效率。

积累的 3000 张采购申请单如何处理？很多小伙伴认为，第一步要做采购物资分类。蔡经理首先做的是需求再确认。她将采购申请单按申请人汇总分类，让采购员与申请人重新确认，尤其是哪些物资现在的项目已经不需要了。结果有 40% 的项目被删掉了。蔡经理对不需要的原因进行统计，发现有三类原因：

一是由于项目时间原因不需要了。比如，八月十五要给员工发月饼，结果八月十八才把月饼买回来，就不需要了。再比如，由于 A 项目采购物资迟迟不到，项目团队改做 B 项目，这时 A 项目的物资需求就暂停了。

二是在公司内已经找到了替代品，之前写的采购申请也不再需要了。比如，扫把或小工具，公司之前买过，借用即可。

三是采购申请写重了。比如，某工程师其实只要 1 把扳手，担心质量不好，采购申请单上写了 2 把。等了一个月发现东西没有到，怀疑这张申请单是否被作废了，于是写新的采购申请时，又把 2 把扳手加进去了。主管每天要签很多字，认为每个申请单上的物资都是生产要的，随手就签了。而这对采购人员来讲，合并同类项，就是 4 把扳手的需求。注意，当你把东西买回来后，内部客户领用几把呢？1把。剩下的3把即为呆滞库存。

蔡经理让采购员把剩下的60%左右的物资再按品类属性进行分类，比如把劳保用品分成一类，化学药剂分成一类，五金工具分成一类，这样方便寻找供应商。找到业界实力强的综合服务类供应商，把清单都给他们，借助供应商的专业力量对规格进行确认，采购人员对供应商的报价进行抽查审核。这样，很快就将3000张采购申请单清理掉了，而且比以前采购员购买的价格下降了8%左右。

将历史欠债清理完，蔡经理开始着手建立MRO全流程，解决内部客户、采购部门与仓库、验收、财务等部门的信息沟通问题。考虑到企业的现实与MRO采购的特点，蔡经理并没有为MRO采购上电子化系统，而是在公司的公共盘里放了一个MRO采购申请跟踪表，给了内部客户、采购人员、仓管员不同的权限，比如查阅、修改等。这个采购申请跟踪表主要由三部分组成：内部客户的采购申请，采购订单执行，仓库接收领用。其思路是制度流程化、流程表格化、表格看板化，如表2-2所示。

蔡经理开了一个表单的使用说明会，向内部客户说明并推行这个MRO采购申请跟踪表，并明确该表的目的是更好地服务内部客户，打通各部门间的信息壁垒。所以内部客户、采购部门、仓库全要以这张表格为准。一旦大家都维护这张表单，那么内部客户就能看到申请物资的到货时间，也就不会有重复申请的情况了，而采购部也能看到仓库中物资的领用状况。

表 2-2 采购申请跟踪表

PR 号码 PR NO.	部门 Department	申请人 Requisitor	申请日期 Apply date	规格型号/技术要求（英文） Specification (English)	规格型号/技术要求（中文） Specification (Chinese)	数量 Quantity	单位 Unit	需求时间 Required date	Recommend Supplier 推荐供应商	校准 Need calibration	成本中心/资本项目代码 Cost center/ AR number	总账科目代码 G/L account	备注（必须在此填） Remarks (what it is for)	采购 Buyer	申请被收到日期 PR accept time	PO 号 PO No.	供应商 Supplier	采购提前期	承诺交期 Promised delivery date	实际收货日期 actual received date	收货人 Received by	收货数量 actual received qty	验收日期 accepted date	接受数量 accepted Qty	仓库交货日期 is sue date	接受人 Delivery to	备注 Remarks
													Filled by Buyer（买方填写）												Filled by receiver（接收者填写）	
2014G0092.00	Engineering 工程部	Richard	2014/3/5	Galvanized T Pipe Fitting, DN15	镀锌管、正三通，DN15	15	EA	2014/3/12	上海华立电站阀门有限公司	N/A	51022	60062100		Wind	12/Mar/14	4500160527	上海华立阀门	7	2014.03.19	2014.03.19	Jeff	15	2014.03.19	15	2014.03.19	JILL	

在这张表格的使用上，还有以下关键点：

（1）每个部门指定一位专员与采购部对接，这名专员负责本部门的需求汇总与规格澄清，回复部门内对到货期的询问（专员有查阅表格的权限）。这样可避免全公司的人都是采购部的内部客户，在需求端进行了汇总与澄清。

（2）固定 MRO 采购周期，每月与内部客户开会，确定各部门下月的采购计划，方便采购部门提前寻找供应商；每周二、周四为采购申请提交的日期，为避免有工程师总是出现紧急申请的情况，经公司批准，紧急采购申请提出者个人要支付 50 元给采购部，作为加急费用，此举将使紧急申请单数大幅度下降。

（3）在供应商的帮助下，对规格型号的描述进行标准化，内部客户可以从表格下拉菜单中找到之前写好的规格型号并直接选择，这样既降低了内部客户填写的工作量，也使采购的工作量大幅度减少。因为有历史采购记录与供应商资源，与供应商之间的协作关系也简单多了。

做 MRO 采购，会不会给职业增值？答案是"会增值"，但不能一直买买买，而是要思考解决方案，去分析数据并建立流程。

2.5　采购职业化——廉洁出绩效

2.5.1　企业内反腐势在必行

对一个制造型企业来说，企业 60% 以上的钱都是通过采购花出去的。一旦采购系统出现管理漏洞，尤其是出现腐败事件，危害极大。对企业而言，通常情况下采购的腐败意味着企业正常采购金额多支出 10% 或更多，要知道很多企业辛辛苦苦，也不过 5% 的净利；对供方来说，意味着产品品质、服务水准的下降，因为供方自身成本增高，而客户内部有人接应，所以很难用心经营；对采购来说，一旦拿了回扣，就像潘多拉盒子打开，很难悬崖勒马，采购人员注意力开始转移，天天不是思考怎么提升工作绩效，而是思考哪些可以拿、怎么拿，接受供应商行贿，相当于签了一份魔鬼契约，你开始受制于供方，如果不听话，供方随时可以拿出证据举报你。采购天天生活在担忧之中，任供方摆布。采购人员的道德水平下降，职业发展也就停滞了。所以反腐败、职业化采购，对供应链健康化、企业利润正常化、采购人员职业化有重要意义。

2.5.2　小心被你忽略的 3 类腐败

反腐不要留死角和误区。很多老板有个误区，一说采购腐败，就只是想到采购部腐败。给大家提个醒，凡接触供应商的人，都应该放入采购的范畴。在企业实际发生的腐败事件中，后果最为严重又极难发现的有下面这 3 类。

1. 研发技术腐败

研发技术是企业产品设计的核心部门，有认定产品、决定零部件的权力，在产品设计中我们的研发才是真正掌握选用供应商权力的部门。一个不标准零部件的选用，一个非通用材料的更换，都在一定程度上决定了供应商。采购人员经常遇到的情况是，研发选完了供应商，和供方协商好了价格，然后才通知采购部门接洽走商务流程，由于产品设计已经定型，这时采购部门就沦为一个简单的执行部门，所有的谈判、市场调查，乃至于成本分析等，都成了企业所谓合规流程的一块"遮羞布"。但更可悲的是，所有的合同都是采购代表企业签订的，所以在实际操作中，这种情况下采购部门是在帮研发部门背黑锅，这种"腐败"更具有隐蔽性。**所以企业一定要对独家供方保持警惕。**

2. 非采购部门执行的采购

很多企业的采购职能实际上是分散到各个部门了，比如市场部门采购营销物资与服务，行政部门采购服务外包、办公用品、节日福利、食堂用品等。各个部门根据自己需要，自己采购，自己验收，自己使用，这些都是存在高风险的做法，是最易出腐败问题的项目。这些部门的采购往往连统一的流程都没有，没有任何防控机制，隐蔽性强，极易出现腐败事件。

3. 其他参与采购执行和决策的部门

第三类是与供应商有业务接口的职能部门，包括企业高管、入厂检验部、仓库部、可卡住资金不付款的财务部，更有甚者连门卫都要供应商"孝敬"。这些部门往往利用自己手中的权力，在供应商开发及选择的过程中干预决策，供货过程中在质量检验和入库验收时百般刁难。有的企业竟然在送货车进厂时还要看门卫的眼色。这些能卡住供应商、影响采购决策的相关部门无形中都给我们的供应商带来更多的成本。在我们的采购过程中，这些利益相关者都能影响供应链的廉洁性。

2.5.3 企业反腐的控制手段

腐败就像企业这个堤坝上的一个个蚁穴，让企业在应付日益激烈的竞争的同时还要不断地花费时间和精力来挽回利润的流失。再好的市场、再好的产品都挡不住利润的流失。反腐败，保廉洁，不能完全靠人员的道德自律，有效反腐应有好的顶层设计和完善的制度。反腐，80% 要靠机制建设。要让我们的采购人员做到：不愿腐败，不值得，没必要；不敢腐败，很容易被发现，后果很严重；不能腐败，没机会。20% 靠人员的自律，包括选人品好的、提供不断学习提升的机会。在机制建设上，我们建议从以下方面着手：

1. 事前预防

事前预防的措施如下：

第一，企业制定《采购系统职业道德协议》。

职业道德协议里主要讲清楚商务人员（接触供应商的人员）的职业道德要求，明确规定收送礼品、接受供应商宴请、收送购物卡或电话充值卡等行为如何处理，明确规定雷区并给出违反的处理方法，如表 2-3 所示。丑话说在前头，要让商务人员学习并签字。协议内容应翔实具体，宣传沟通应到位，执行应严格。协议签署对象包括研发技术人员、采购人员、质检人员、仓库人员、财务人员、企业主管领导。

表 2-3　采购系统人员职业道德雷区表

	雷区	处理办法	备注
吃拿卡要，以权谋私	◆ 利用职务之便向供应商索取钱物		
	◆ 接受供应商的礼金、回扣和贵重礼品		
	◆ 接受供应商的专场宴请和营业性娱乐活动		
	◆ 接受供应商提供的通信工具、交通工具和高档办公用品		
	◆ 要求供应商报销费用		
滥用职权，变相谋私	◆ 私自向亲属采购物资		
	◆ 要求或接受供应商为其住房装修		
	◆ 要求或接受供应商为其筹办婚丧嫁娶活动		
	◆ 要求或接受供应商为其亲属安排工作		
违反原则，违规操作	◆ 在物资采购跟踪工作中不能秉公办事，故意刁难供应商		
	◆ 发现物资不合格情况后隐瞒不报，私开绿灯		
	◆ 制作物资采购资料和数据时弄虚作假，隐瞒事实		
有令不行，严重渎职	◆ 对上级主管指令有意违抗、拒不执行		
	◆ 对自身工作职责和集体工作安排不屑一顾、拒不履行		
	◆ 对上级查处采购贿赂的要求拒不传达，日常工作中我行我素、拒不配合		

（续）

雷区		处理办法	备注
有禁不止，随波逐流	◆ 对明令禁止的采购贿赂行为熟视无睹，随波逐流，不揭发、不举报		
	◆ 对本部门发生的严重采购贿赂行为有意隐瞒，不制止、不查处		

第二，与供方签订《供应商廉政协议》，约束供应商，加大供应商行贿的成本。

下面是一家企业的《供应商廉政协议》，规定具体明确，且操作性很强。

甲乙双方人员不得有以下行为：

（一）私自收送或变相收送（如结婚随礼）礼金、礼品，私自安排或接受宴请、KTV、洗浴、旅游或涉及黄赌毒等高消费活动，私自发生借车、借钱、租赁、合资合伙等私人利益关系，私自为对方及其亲友提供私人利益方面的便利条件等商业贿赂行为；

（二）任用本企业离职员工及本企业员工家属与本企业进行业务接触等；

（三）偷盗、欺诈行为；

（四）以虚假身份签订、履行合同行为；

（五）侵犯商业秘密行为；

（六）商业诽谤行为；

（七）串通招投标行为；

（八）提供假冒伪劣产品和服务行为；

（九）其他不正当竞争行为。

如有违反，甲方将对乙方的责任人解除劳动合同，对触犯法律的，则追究法律责任。同时，甲方将依据双方相关业务合同及本协议约定追究乙方违约责任，乙方人员违约不视为其个人行为，而视为乙方行为，将追究乙方违约责任，对触犯法律的将追究乙方法律责任。具体的违约金额及其计算方法如下：

（1）合同标的小于 10 万元的，扣除合同标的总额 50%，但不低于 3 万元；

（2）……

乙方人员可通过以下行为对甲方人员的违约刁难等腐败行为进行举报或投诉，甲方承诺在一周内核实回复。

股份公司举报渠道有：手机、短信、QQ、微信、电话、董事长办（举报电话、邮箱）、总裁办（举报电话、邮箱）、纪检办（举报电话、邮箱）。

第三，廉洁名片。

企业采购部门的名片也是一个廉洁宣传的窗口。名片可做成折叠式，其中一面可以印刷廉洁声明。推荐一个范例给读者（该名片由 A.O. 史密斯环境电器全球超级产研基地项目总监刘丽梅女士设计）。

A.O.SMITH
史密斯　　廉洁声明

- A.O.史密斯在业务活动中一直坚定不移地遵守商业道德、保持诚实守信；
- A.O.史密斯以品质为准来购买所有原料和服务，寻求最佳价值以及与供应商的稳定业务关系；
- A.O.史密斯禁止员工向任何供应商索取任何礼品、招待或其他报酬；
- A.O.史密斯禁止员工收受任何现金(如:红包)、现金等价物(如:支票、预付卡、购物券)、任何金额的礼品（如:烟、酒）、娱乐或招待或者其他任何利益；
- 尽管节日期间是互赠礼品的传统季节，但A.O.史密斯关于礼品的政策却无例外。我们鼓励互赠节日贺卡，而反对供应商给任何员工赠送任何形式的礼品；

- A.O.史密斯员工住宿及差旅费用均由A.O.史密斯自行承担，禁止由供应商支付；
- 您与A.O.史密斯在商务接洽时需全面接受A.O.史密斯《廉洁保障制度》及《反不当竞争承诺书》中的全部条款。同时，A.O.史密斯禁止员工收受或索取来自供应商的不当利益的态度是坚决的，任何被怀疑或发现的上述行为将可能会导致双方合作立刻终止；
- 如果A.O.史密斯员工索要金钱或其他礼品，您可以通过以下途径进行举报：
    - ✓　向该员工的主管、公司人力资源、相关领导；
    - ✓　法务部 025-8580████；
    - ✓　正直援助热线（可匿名拨打）10-800-110-████ / 400-601-3███；
    - ✓　网络举报 www.aosinte████.com。

第四，企业高层互访。

国内微波炉的领导者格兰仕是低成本的代表，创始人梁总有个习惯，如是重要供应商，一有机会就会亲自去拜访。递上自己的名片，告诉供应商未来长期合作，只要给最好的条件即可。不用留营销费用、招待费用，如果谁为难，可以直接打电话和他讲。因为企业高层互相认识，具体执行的人就不会乱来。**要像重视经销商一样重视供应商。**

第五，给激励。

采购人员在企业价值很大，但薪酬在企业内往往是最低的。笔者曾给一家浙江民企做内训，这家企业采购金额每年 8 亿多元，采购部 8 个员工，合一个人 1 亿多元的采购金额，一问这 8 位员工的平均工资，一个人月平均 1800 元。笔者倒吸了一口凉气。笔者问老板："工资会不会少了？"老板说："不用涨工资，采购部一年拿回扣的钱都够养活他们了。而且他们这么多年了，也不离职。"你说这老板，到底是聪明还是糊涂？一方面，让采购部员工在生活保障线上挣扎；另一方面，又让其掌管 1 个多亿的采购金额，如果你是采购员，你拿不拿回扣？俗话说，高薪养廉，合理的薪酬能让采购人员不至于为五斗米折腰。

除了合理的薪酬，你们的企业为了让采购人员降本，实现企业绩效，又出台了哪些激励措施？有没有可能像销售一样有降本增效的提成，让采购人员凭能力、绩效多赚钱？

2. 事中控制

除了事前预防，企业也要做好事中控制，防止偏差。企业常用的事中控制手段主要有：内部审计、价格稽核、内部轮岗、AB 角采购 4 种。

内部审计自成系统，本文不展开介绍，只建议一点：不定期内部审计，事前不通知。内部审计的问题往往是审计人员不太懂业务，总是戴着有色眼镜问为什么，有时会扼杀采购的创新。笔者做的采购降本咨询项目，有相当一部分时间花在和审计沟通上。审计报告得看，业务也得接着做。

　　还应设定价格调查委员会（集团型公司）或采购价格稽核机制。你得有专业人员，即成本分析岗位（单体公司）分析我们的价格是不是偏高，为什么偏高。价格稽核不是主要目的，辅导和促进工作改进才是稽核的目的。要感谢胡李松同学的探索，他设计了价格调查机制，而且做成了采购快报，及时公布发现的问题，及时整改，效果很好。给大家看看范例。

××××集团有限公司

采购快报

发布时间　年　月　日　　　　　　　　总第 10 期

【卷首语】坚持价格干预，加强监督管理

各子公司领导、各采购部：

　　《采购快报》自发布之日起，已是第 10 期了。在此，我们向大家给予的支持配合表示衷心感谢！也希望大家继续关注采购问题，改进采购管理，提高采购水平。

　　我们通过《采购快报》，把发现的问题反映出来，把处理的结果公布出来，使大家认识到工作中的疏忽，从而有力地推动了采购工作良性发展。我们还从不同的角度分析问题，帮助解决采购活动中的问题。同时，使大家的工作与上级领导有更多的联系，使采购工作逐步亮化。

　　在这 3 个月中，我们通过《采购快报》的行情报告，对价格进行有效干预，6 次干预并促使采购价格做了调整，2 次对质量进行了跟踪，促使 3369 元物资退库。1 次集中采购节约成本 4000 元。价格查处 6 次，查处金额 9121 元。这些工作都得益于各位领导的支持与配合、采购人员的认识和努力。为此，希望大家一如既往，继续努力，我们将与大家更紧密地联系，使《采购快报》更贴近工作的实际，请大家提出宝贵意见。

最后，我们将继续坚持价格干预，并加强采购工作的监督与管理。

集团公司采购价格调查委员会

【工作动态】回复宣城采购部关于采购德理西 CDI9100-F 变频器的处理（报告原文略）。

集团公司领导：

有关集团公司第九期《采购快报》反馈的所购 ×× 牌 CDI9100-F 变频器（特加急）之事，现进行如下解释：

5 月 28 日应机电部申请需特加急购成品库贴膜机用变频器一台，原装变频器（ABB 牌）单价为 2450 元/台，广东供应商暂无现货供应，为了不延误包装和正常销售，5 月 29 日从 ×× 公司购进 CDI9100-F 变频器一台（当时协议价格为 2000 元/台）。现集团公司调查委员会询价此型号市场价为 1458～1480 元/台，通知供应商以 1300 元/台结算。

经向公司领导汇报和与财务部联系，差价额 700 元在购货货款中予以扣除。

特此报告！

×××子公司

采购部　高×

回复：针对此次采购问题，请各采购部门注意思考一下：

1.采购之前你们认真询价了吗？比价了吗？

2.你们知道怎么询价吗？尽到职责了吗？

3.对每期的《采购快报》都看过了吗？是不是事不关己、高高挂起呢？每期《采购快报》上的采购知识你们看了吗？

4.设备的备品配件最好找替代品或同样配件市场上可购到的，尽量不要到原设备厂家采购。

像这样的事情已发生6次了，为此，希望大家深思。从7月起，我们将严格按照《集团公司采购工作奖惩办法》处理采购价差问题，请各位采购员调整好心态，认真履行采购管理规定，切实落实采购流程，提高业务水平，使采购工作职业化、专业化。

采购调查：经对××子公司3～5月的《采购日报》的核查，其中很多工具类或其他物资均为个体零售供应商，且无电话和联系人，无品牌型号，对此曾经在《采购快报》中有过关注，请××采购部将此项工作完善，如下次再发现同样事情按《××集团采购工作奖惩办法》处理。

采购调查：……

【行情报告】警示：各采购部，最近国家对汽油、柴油提价，大家的心里千万不能也跟着涨价，涨价会给人带来一些心理反应，同时也会给一些奸商带来暴利的机会，因此我们必须提高对市场的敏锐度，经常上网查看信息，多方询价，对供应商的话要前后分析，发现其中的漏洞，以便比较准确地把握市场。我们也将紧跟市场，对与供应商协同抬价的事，一经查实，当事责任人将即刻免去采购职务，停职待岗。

6月23日柴油出厂报价

产品名称	规格型号	最高价	（元/吨）	地区	备注
柴油	0#	7950	元/吨	寿光石化	*
柴油	崔柴	7100	元/吨	高青宏远	*

除了上述手段，企业还可在采购组织内部实行轮岗制或AB角制。轮岗制在一定时间间隔，如两年就会轮换所负责的业务，一方面拓宽了采购人员的专业领域，可以互相支援；另一方面也避免了采购人员长期负责一项业务，留"自留田"或与供应商产生不当感情。AB角指的是一个业务由两个采购员负责，两个采购员都向外询价，哪个有优势就用哪个，使采购员内部形成竞争关系。这个主要看节省金额与增加一个采购员的工资哪个更合算。下面有一个案例供大家参考。

位于河北的××汽车公司的廉政建设与采购监管，可以说是制度到位、宣传到位、落实到位，很有特色。××汽车供应商的负责人向笔者介绍了他认为该企业的一些有效做法。

在该企业业务洽谈室的会议桌上，有"廉洁警示看板"，提醒来访者：如遇本公司人员有索贿、故意刁难等行为，可用固定电话、手机和邮箱等方式举报。对于公司内部人员参加有业务往来的供应商的宴请活动，本企业规定必须提前请示，在得到批准后方可参加；如果私下接受宴请，一经发现将予以内部处分。企业设经营监察本部、秘密特工组，严格落实企业反腐行动，对商务人员的行为实施监控。

一旦发现，员工受处分，供应商也会上黑名单，并要扣除合同货款，并将过程通告给所有供应商，以起警示作用。通过对采购人员的行为监管，既保护了采购人员，又降低了供应链的灰色成本，赢得了供应商的尊重。当然，选择专业（才）+职业（德）的采购人员也非常重要。笔者宁可花高价去聘用采购职业经理人、采购工程师，因为他们会用心谈每一个项目，他们可以把自己全年的薪酬省出来。

当然，采购是个敏感工作，是很多人心目中的肥差，经常被人猜疑拿回扣。这似乎是个永恒的话题，企业与其靠人自律，加强监管，不如建设采购系统，依靠法治。再加上降本增效的压力，于是，企业开始进入下一阶段：采购 2.0——法治的阳光化采购阶段！

2.6 学以致用

 学

请用自己的语言描述本章的要点：

 思

描述自己企业的相关经验与本章对自己的启发：

 用

我准备如何应用？我希望看到的成果是什么？

会遇到哪些障碍？

解决障碍有哪些方法、措施、资源？

第 3 章

采购 2.0——阳光采购，系统降价

3.1 升级采购 2.0

3.1.1 为什么升级

采购 1.0 阶段后期保证供应的任务基本解决，但采购系统深层次问题开始逐渐显现，具体问题如下：

- 采购绩效完全依赖于采购员的个人能力。

- 采购过程不透明、不规范。

- 管理层对采购过程无法监管。

- 企业经常发现自己买贵了。

- 采购货比三家，但总是老三家供应商比来比去，供应商库数年没有更新。

- 采购无法自证清廉，产生内部信任危机，其他部门总是戴着有色眼镜看采购。

- 腐败事件一旦曝光，危害触目惊心。
- 不能产生让企业满意的绩效。

......

与此同时，因经济下行，产能过剩，供过于求，激烈的竞争导致企业利润持续下降。降本增效，向采购成本降低要利润，成为很多企业当前最紧迫的任务和重要课题。国企由于反腐、合规的诉求，在国资委等主管部门的指引下，也要求对采购系统实施规范化、阳光化管理。于是，在企业高层管理者的推动下，采购系统向新的台阶迈进。

- 工作重心：从业务层级上升到管理层级。
- 工作目标：从保证供应上升到追求价格最优。

图 3-1 所示，标志着企业进入采购 2.0 阶段。

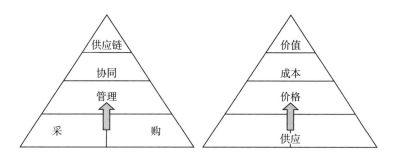

图 3-1　采购 2.0 升级示意图

3.1.2　采购 2.0 的"四化"特征

采购 2.0 与 1.0 相比，不再仅仅追求满足供应，而是通过调整供需关系引发供方的充分竞争来实现价格最优。管理方面摒弃对个人绩效的依赖，通过制度建设与流程建设实现采购管理的阳光化、规范化。总结起来，采购2.0阶段有4个明显特征：管理集中化、过程阳光化、分工专业化、流程信息化。

1. 管理集中化

为了规范采购管理制度、统一采购流程，在采购2.0阶段，企业往往将分散在各个部门的采购职能进行集中，实施统一管理。除原材料外，企业还将MRO类采购（Maintenance维护、Repair维修、Operation运行）、建设工程类采购、服务行政类采购等凡与花钱有关的项目都集中到采购部门进行管理，由采购部门按统一标准流程进行采购。

集团型企业随着业务的发展，为了解决下属公司需求分散、信息不畅、资源不共享而导致的重复采购、重复储备等问题，开始着手对各下属公司采购需求的整合，从而降低采购成本；另外从合规的角度推进集团化采购，采购管理权限向集团集中，从上到下形成一整套完整的采购流程和制度，解决下属公司操作不规范、过程不透明、人为干扰多等普遍存在的问题。

2. 过程阳光化

为降低采购1.0阶段由采购人员主导业务、易引发暗箱操作的风险，在采购2.0阶段，企业推行过程阳光化管理。对内强化管理职能，统一管理流程，健全管理制度；对外则注重充分寻源，广泛对外公布采购需求，鼓励更多符合条件的供应商参与竞争，并按事先规定的评标标准择优确定供应商，让所有的操作流程都透明化、阳光化。有的企业还成立专门的监督管理机构，如招投标监督管理办公室，以强化对采购活动的全程监督。过程阳光化是采购规范管理的重要标志，也可以去除来自外界、企业内部其他部门的"有色眼镜"。

3. 分工专业化

为规避采购人员"一条龙"式业务操作所带来的风险，实现采购人员专业化分工，在采购 2.0 阶段，企业往往把采购过程进行分段处理，实施"采"与"购"两大职能分离。有的集团公司规定由集团负责开发和认定供应商，子公司负责具体的下单与库存管理；外企则实行战略性采购（sourcing）与操作性采购（buyer）的分段模式，这些都体现了 2.0 阶段分工专业化的特点。

4. 流程信息化

随着业务的发展，企业建立起了一套完整的规范化采购体系，但往往由于企业内部强大的惯性，经过一段时间后慢慢"还原"为原来的工作模式。为了不让变革倒退回去，企业在这个时候就希望通过一套软件来固化采购流程，提高采购操作效率，也有利于追溯、监管和审计。在采购 2.0 的后期，企业开始推行采购信息化工作。

如果用一张图来描述采购 2.0 的内在逻辑，可以用如图 3-2所示的采购 2.0 逻辑结构来说明：企业由于外部竞争及自身发展的要求，开始将采购的价格优势当作重要目标；要实现采购价格优势，倒逼企业推行采购阳光化管理；采购阳光化的主要手段包括对采购集中化管理、招标采购、"采"与"购"职能专业化分工；为了让流程固化，提高采购效率，实行阳光化采购，企业着手推行采购信息化。

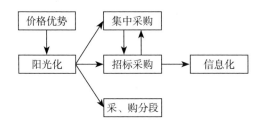

图 3-2　采购 2.0 逻辑结构

在采购 2.0 推行过程中，企业应重点关注以下 4 点：

（1）集中采购对集中的"度"的把握，集中采购与分散采购要因地制宜，有机结合，避免"一刀切"。既要发挥集中采购的优势，又不因推行集中采购而影响业务。

（2）招标采购中重点管控招标流于形式，规避围标、串标的发生。解决好的供应商进不来、差的供应商赶不走的问题。

（3）推行"采""购"专业分工，要把"采"的专业度提升及"采""购"工作的协同当作管理重点。

（4）推行采购流程信息化时，把快速推进、规范操作，充分发挥其作用与价值当作管理重点。

3.2   集中采购

3.2.1   集中采购"热"在哪里

几期央企内训，企业负责人都明确提出"多讲讲集中采购"。前几年招标采购非常热，现在集中采购也迎头赶上。左手集采，右手招标，成为很多企业推行采购变革的两大法宝。集中采购热究其原因有以下两点。

1. 企业降本增效的要求

整合内外部需求，获得数量优势，引发供应商竞争，降本效果十分明显。如某企业 2009 年对 20 多个下属地区企业所用石油专用管实施集中采购，在年采购金额 160 亿元、集中采购比例 90% 的情况下，单品价格降幅为 29%，实现成本节约高达 30 余亿元。如此高的成本节约势必引起其他企业的对标与效仿。

2. 对采购管理规范化的要求

为降低采购风险，规范采购操作，企业将分散在各个部门的采购职能进行集中，按统一流程规范操作，即将所有鸡蛋放在一个篮子里统一管理。而集团型企业往往对下属公司管控困难，信息不畅，资源不共享，也希望从合规的角度将采购管理权限集中，形成一整套完整的采购流程和制度，解决下属公司操作不规范、过程不透明、人为干扰多等普遍存在的问题。

3. 国企主管部门的政策引导

推行集中采购，意味着原有利益格局被打破，势必引发抵制。

国资委等主管部门因势利导，倡导采购管理提升，明确提出集中采购的要求。国资委在国资厅发改革〔2015〕27 号文中对国企采购的集中采购率、签约、付款、储备的集中化程度都给出了具体要求，并划分为达标、良好、先进 3 种。主要内容如下：

（1）集团和二级企业两级集中采购率达到 50% 以上，各级企业以法人为单位，实现采购资金统一付款。（达标水平）

（2）集团和二级企业两级集中采购率达到 65% 以上，在集中采购中推行统一签约和统一付款。（良好水平）

（3）集团和二级企业两级集中采购率达到 80% 以上，实现供应链资金流的有效集中。（先进水平）

（4）以法人企业为主体，实现统一储备管理，初步实现资源共享。（达标水平）

（5）集团和二级企业推行通用类物资集中储备，实现库存资源共享，物资集中供应。（良好水平）

（6）集团和二级企业对物资储备和供应实行集中组织与管理，建立资源共享的集中储备和集中供应管理体系。（先进水平）

除上述规定，在落实上还要求企业自评、国资委复评，企业间指标对比。这份文件成为国企推行集中采购的重要政策依据，在主管部门的政策引导下，国企借势打破原有利益格局，积极推动采购管理变革。

3.2.2　集中采购是中国特色吗

集中采购是中国企业所特有的采购方式吗？外企搞不搞集中采购？

其实集中采购并不是中国企业的专利，而是国际通行惯例。很多跨国公司很早就实施由总部主导的大宗物资集中采购，由总部出面与重要合作伙伴签订全球战略合作协议，分公司只是执行协议。很多在华外企像葛兰素史克中国研发中心，其化学试剂、生物制品等采购基本都只能执行集团协议，重要原材料乃至物业后勤也是由总部与关键供应商签署合约，中国分公司只执行订单环节。当然，如果中国分公司采购选择的供方有明显的成本优势，并且质量能达到国际标准，集团也可能会选用中国的供应商供应全球其他子公司。

3.2.3　集中采购，集什么

集中采购，其重点在于"集中"二字，在本质上到底集中什么？如果对采购过程进行分析，就可以简化为下面的模型：

需求→采购 + 管理→供应商

在这个模型中，集中采购有 4 个价值增值点：需求集中、采购集中、管理集中、供应商资源集中，有些企业只做其中某一项，也有企业会将这 4 项进行组合。下面我们分别看看这些集中方式。

1. 需求集中

需求集中即企业把采购需求进行集中、把需求品类进行集中。品类集中指的是尽可能缩减品类，实施标准化、通用化。如按年度将办公用品采购需求集中起来，对品类进行优化，每一类产品只选少数几个规格，对品类进行集中，一次带量采购签订框架协议，从而获得更优惠的价格。

2. 采购集中

采购集中指企业把凡是花钱的活动，放在一个篮子里进行统一集中管理。如将原来分散在销售部门的广告类采购、HR 的培训采购、总务的行政类用品采购等都统一集中到采购部门，改变多头采购模式，规范采购作业过程。当然，如果采购人手不够，采购部门可以采用书面授权方式，但往往授权都有期限，如将培训类采购授权 HR 或培训部，有效期为一年。授权出去的项目，责任主体部门仍然是采购部门。

3. 管理集中

管理集中我们一般理解为集团型公司对子公司的采购进行管控，结合统筹，从而发挥集团型公司的采购优势。管理集中的优势在于能大大地降低管理成本，各个子公司需要的产品不再需要多次单独寻源，集团对同一品类只需要进行一次寻源、一次谈判，合同一经签订，各分（子）公司只需按需下单，可以节约大量管理成本。集团型公司的采购管理集中实践中主要有 6 种形

式：总部指导、总部集中招标、总部集采、总部服务平台、总部
采购管控、总部供应商集中管理，后面我们将对这 6 种形式一一
展开介绍。

4. 供应商资源集中

供应商资源集中，主要表现形式是精简供应商数量、集成供
应商业务，使每家合作供应商的采购量增加，从而获得采购价格
优势。很多企业的供应商资源并未经有效规划，而是随着企业发
展野蛮生长。集中采购则要求企业对供应商采购金额等数据做科
学的统计分析，对原有供应商进行整合，减少供应商数目，增加
少数优质供应商采购额，在降低企业与供应商双方管理成本的同
时，提升企业的采购博弈力，促进供应商直接的良性竞争。除了
供应商数量集中，还可以将供应商业务集中，即将多个采购项目
汇总集成到一家供应商手里。举个例子，一家供应商原本只做其
中一种物料，现在将其他物料也交给这个供方，或者将一些采购
额小、复杂程度低的产品交给一家供方代为采购。扩大需方对供
方的影响力，实现管理成本和采购价格的双重降低。

3.2.4　案例：一次桶装水的集中采购，年度节约 200 多万

桶装水，每家企业都可能买过，不起眼、金额低。通常由某
位行政人员负责采买，各个环节包括供应商选择、谈价格、签协
议、供方定期送，也可能由企业身强力壮的男员工负责换桶，按
月结算。国内知名的电商企业 J 各个分子公司的桶装水之前由其
自行采购：一方面涉及的采购金额低，在企业内比桶装水采购金

额高的项目比比皆是；另一方面，桶装水有明显的地域特征，由于运输半径的原因，只能在当地选择供方。这就造成了桶装水品牌多、规格难统一、价格难统一等问题。

J 在对各地分子公司进行审计时发现，桶装水采买上有违规、不规范行为：一是价格虚报，即大企业集中购买，却用市场零售价结算；二是数量虚报，供方当月送了 30 桶，却上报 45 桶，因为桶装水算耗材，所以没人会去查一个月到底消耗了多少；三是赠票不报，买 30 桶，送 5 张水票，没入账，被个人使用了。一桶水一般 10～20 元，似乎金额不大，但由于天天发生，每个办公场所都在消耗，一年下来仅 J 在华南大区桶装水费用就超过了 300 万元，全集团一年支出超过 1000 万元。审计部门出具审计建议，为规范管理，建议集团出面，对桶装水进行集中采购。

没做过采购的领导会觉得：这还不容易，下个行政命令，集团把量集中起来，统一招标，确定供应商不就完了吗？这有些想当然了。桶装水确实是没有技术含量，但这并不意味着桶装水的集中采购没有技术含量。当真正操作起来，你会发现困难重重。看不到风险点就集上来，集的都是烫手的山芋。桶装水的集中采购，至少要考虑下面这 4 个问题：

（1）品牌规格如何确定？

（2）价格如何确定？

（3）集中采购的供应商如何确定？

（4）集团、分子公司、供方之间的流程如何确定？

现有的桶装水供方几乎都是本地的，选哪几个品牌、选什么样的规格标准都会有很大争议。越是简单的东西，各分子公司、各部门选择的标准就越不统一；每个地区水源、物流、经济都会影响桶装水的定价，很难确定合理的价格；集团定了供应商，定好价格，但本地供应商的绩效如何监管？如何保证数量不虚报？集团与分子公司之间、供应商之间如何衔接？谁来付款？怎么付？这些都是难题，仅靠一个制度很难产生应有效果。怎么办？

J采购负责人抓住了需求集中的"牛鼻子"，对用户需求重新分析与定义，这成为桶装水集中采购的突破口。在集中采购时，下列问题的思考方式会很有借鉴意义：

问题：各分子公司到底为什么要买桶装水？

回答：员工口渴要喝水，水质要干净，且要是开水。

问题：所以大家要的不一定是桶装水，而是干净的开水，对吗？

回答：对。

问题：干净的开水除了桶装水，还有哪些解决方案？

回答：还可以用净水机来接自来水进行净化，就像机场用的净水机。但各地购买净水机，后续会涉及维修服务，还要投入成本。

问题：净水机与维修服务可以外包吗？

回答：可以租赁。与净水机厂家签订年度租赁合同，由供方负责日常维护和维修，包括更换新产品，J按月付费。其好处是减少固定费用的投入，减少后续运营维护的成本，省事省心。

问题：如果用租赁净水机代替购买桶装水，全集团推行和分步推行哪一个更稳妥？

回答：建议先选华南区作为试点，待方案成熟后再向集团全面推广。

一起：那我们去准备资料，统计各分子公司需求量，设计集中采购方案。

华南区一年关于饮用水的总采购金额从 300 多万元降到了 100 万元左右，采购成本节约超过 200 万元，降本比例约为 60%。同时，办公室的人更省心，不用和桶装水厂家打交道，省去换桶、统计用量、报费用等大量工作，节约了大量人力。集团实现了阳光化采购的要求。

点评： J 对桶装水的集中采购，分别使用了需求集中、采购集中、管理集中、供应商资源集中。其中需求集中是源头，是关键。需求集中之后，才有可能进行采购集中、管理集中、供方集中。本案例中 J 通过需求分析，改变了原采购物资的性质，从实物采购变为服务采购，为公司节约了大量人力成本与采购成本。集中采购之前，要把集团与分子公司权责与流程如何衔接想清楚，否则集中上来之后会怨声载道，甚至会影响整个企业的业务发展。对于集中采购，审计部门往往是最有力的支持者，双方在阳光化采购与廉政建设上的一致性，使采购部门与审计部门可以互相呼应，成为友军。

3.2.5 收、捋、放——四川航空集中采购实践

2018 年 5 月，四川航空英雄机长危难时力挽狂澜，让人记住了这家发展中的航空公司。作为四川航空的采购顾问，我发现川航在集中采购推行中有思路、有创新、有探索。他们的方法总结起来就是三个字——"收、捋、放"，通过这让集中采购真正落地了。

2014 年 9 月 25 日，采购管理部成立，负责除飞机和发动机引进、基础建设以外的所有采购项目（仅是制度上覆盖，业务上暂不涉及航材等自主采购业务）。川航集团董事长李海鹰做了专门指示：公司采购管理模式的创新，要注重计划性，加强协调性；要确保效益最大化、风险最低化，先易后难，逐步完善，从而保证采购管理工作与公司发展同步同调。川航股份总经理石祖义将所有工作概括为 9 个字——**收上来、捋一捋、放下去**。集中收上来是为了规范，规范之后再授权下放，取一个集中和效率的折中点。川航的集中采购，在此指引下，打破与重塑，冲破惯性观念的藩篱，走出了一条创新之路。

1. 规范篇

2013 年，重庆分公司综合室的周子怡为了给分公司宾馆采购到刷毛软硬适中、性价比高的牙刷，大热天跑遍了朝天门商圈的批发市场。如今，她坐在办公室，轻点鼠标，供应商就能在 3 天内送货上门，送来的牙刷还提升到了四星级酒店的标准。转变得益于川航集中采购管理的推行。2014 年以前，采购业务分散在

信息部、后勤部、机务工程部、保卫部、航卫中心等多个部门。2014 年采购部成立，着手集中管理。自此，成、渝、昆 3 地自有宾馆用品集中招标，由 1 家供应商供货，长期合作、量大从优，提高的议价空间直接拿来提升品质，对标四星级酒店；电商平台采购，送货上门，增强了用户体验，库存为零，价格透明，降低了管理成本。转变看似理所当然，历程却是打破与重塑。

建章立制，"收上来"，先定规矩

从各自为战到集团作战，改造采购工作从建章立制开始。2015 年 3 月，采购部推出《采购管理规定》，开宗明义，整合渠道，规范程序，试行 1 年，修订 2 次，现已是采购工作的准绳。随之而来的是每年发布一次的《集中采购目录》，采购部汇总、补充各部门申报的需求，摸清川航采购内容的家底儿，给使用部门以参考。同时加强采购计划性，在年初预算完成后下发《年度计划》，再分解到《月度计划》，指导业务部门每个月具体买哪些。

对于不了解、不熟悉的项目要做市场调研，对于采购量大、产品复杂的项目要做深度调研。2016 年，采购部以走访、约谈等形式，历经 25 次市场调研，形成 8.3 万字的《市场调研报告年度合集》，基本摸清了川航 21 个主要的采购项目的市场状况、供应商范围，以及川航的产品使用定位，找到了外部市场与内部需求的匹配。

随即，采购部牵头梳理、编制了制服劳保、资产、普通车辆、特种车辆 4 类标准合同，变"卖方合同"为"买方合同"。

特别在合同中优化、增补了"违约责任和解除"条款，强化对供应商的约束。2018年，采购部专项整治了机务工装采购延迟交付的情况。2019年5月依据该条款，向4家延迟交付40天以上的供应商共计处罚16万元。

资源聚合，"捋一捋"，规范管理

资源聚合形成了规模效应，周子怡在宾馆用品采购上尝到的"甜头"，其他采购业务也先后尝到了。后勤部维修物资有几百种，每一种都价值不大，品牌难以穷尽，签约百安居商超，不仅物品全、品质有保障，而且价格透明，直接享受其卖场标签价的集团客户优惠。丝袜、头花、领带等几十种劳保用品，有16家供应商，年度订单金额从几万元到几十万元不等，2019年上半年统一由一家供应商提供，金额提升了，供应商更负责了。车辆采购跳过4S店，直接与厂商签订框架合同，享受集团客户采购价格和全国配送售后服务，一签两年，年底通函调价，续签再行谈判。

2019年夏天更进一步，采购部着眼长线，一次性采购未来3年所需57辆特种车，还节省了近200万元。成本的节约尚在其次，与大企业的强强联合，提升了川航采购管理的便捷与规范，直接省去了曾经"买一辆车就比价一次"的工作。空间上整合不同区域、不同行政单位的采购，时间上打包几年的购买量。集中带来规模效益，不仅提高了议价能力，更重要的是实现了供应商数量由多到少、规模由小到大、合作期限由短到长的转变。这个转变的过程，正是"捋一捋"的过程。

　　采购部不断优化预算审批、采购合同、商务谈判、招标等全流程的各个环节，例如收货时让使用部门、业务部门一起到场验收，做到任务有交接、环环有记录。"从最初的订单，到最后的验收单，台账要求更细了"，这是周子怡的感受，也呈现了采购业务规范化的进阶变化。对于不宜纳入集中采购范畴的 10 多个自主采购项目，采购部要求对应部门建立采购程序，年终统一检查，抽查实施情况。

把控上游，"放下去"，腾出手来

　　捋顺之后，把事务性的订单管理工作"放下去"，交回到原部门手中，才是规范与效率达成的"和解"。《授权采购管理办法》因此出台。

　　员工使用最多的是办公用品，采购部为此签约了能提供晨光、得力等名牌产品的"欧菲斯办公伙伴"作为供应商。以前，各部门拿着费用自行购买；现在，欧菲斯在其电商平台为川航开设采购专区，依旧由各部门自行下单，全国范围内送货上门。又如，2019 年 6 月，物资保障类 57 个项目的订单执行又回到航卫中心、后勤部、保卫部的职责中，采购部授权分公司、基地等具体实施，简化了流程、提高了效率。"放下去"之后，让采购部从具体的订单管理等事务性工作中跳脱出来，转移到上游，直接面对供应商，强化对供应商的培育与绩效管理、需求挖掘，真正从业务实施过渡到职能管理。

2. 案例篇

购买的工作谁不会干？但打破与重塑之路充满困难，其中尤以观念转变最为艰巨。

为什么放着便宜的东西不买，要去买贵的？这是采购部遇到的诸多质疑声中最具代表性的一个。

运保大楼办公家具采购项目的实施，用实际行动回答了上述两个问题。450 万元就能买够运保大楼的所有办公家具，有必要临时把预算提高至 900 万元吗？采购部认为：有！预算翻倍，采购运保大楼办公家具时会抛弃低价导向，以保障与川航发展同调。

运保大楼的定位是川航未来十年的"大脑"、办公中心，代表品牌与实力，450 万元的确可以拿下小作坊的家具，但匹配不了川航当前的发展状态，无法让员工共享企业发展的果实。在指导后勤保障工作时，川航集团党委书记、董事长，川航股份董事长李海鹰曾有过"要与公司发展同步同调"的要求。在采购部看来，"同步同调"既指及时到位，也指品质、档次同频。更为暖心的出发点是，采购部 3 年来养成了"我也是其中一员"的用户思维——如果我要搬进运保大楼，我想使用什么档次的办公家具？但要打破公司长期以来"低价导向"的采购习惯，采购部的"说服之路"走了两个月。最后，总经理石祖义拍板：预算翻番！在走预算申报流程的这两个月的"煎熬"里，协议管理员曾菁却很有信心。她所在的办公家具调研小组，此前已经花了3 个月时间做完市场调研，面谈、走访了 17 家不同档次的供应商，形成 1.5 万字的《国内办公家具行业分析报告》，全面吃透行情，"450 万元的预算肯定是不够的，不然买回来的家具可能要被骂。"

接下来，就是用"综合评审"取代"低价导向"，把运保大楼的办公家具项目做成一个采购标杆，全面厘清内部标准，同时也让大家看到多花的钱值得。采购部把评审拆分成 5 个环节：

（1）**资格预审环节**，全国配送、售后服务等要求将 25 家供应商缩减至 12 家。

（2）新增**方案汇报环节**，用于听取供应商对办公空间的设计理念和产品推荐，圈定一、二档供应商 5 家进入下一轮，借此丰富川航对办公家具需求的画像。

（3）**样品评审环节**，样品评审被采购部特别安排在了 5 楼多功能厅：一方面，收集走过、路过的同事对外观及使用方面的直观意见；另一方面，付费请政府、政务中心的专家评委，给出材质、设计合理性等方面的专业意见。据此，评审小组给出更科学的打分。

（4）**工厂考察环节**。

（5）**商务谈判环节**。

最终，运保大楼办公家具的预算从 450 万元提高到 900 万元，选定的供应商是国内家具行业综合实力排名第一的。大家关心的环保问题得到最大程度控制——环保的关键在用胶，办公桌屏风采用全钢材质，仅桌板部分使用板材，胶的使用率大大降低。椅子的价格从老楼的 200 元提升至 917 元，"躺舒宝"可以将椅背调至 135°，供员工午休，调节的关键部件气泵由业内领先的韩国三益公司设计，兼顾功能性与安全性。

3. 思考篇

"在成本效率战略的指导下，公司的态度是：不单方面看金额大小，关键看花到什么地方，是否能带来更大的价值与收益。"采购部总经理王伟松表示。

规范与效率还有磨合空间。2016 年 11 月，局方要求各航企配备酒精测试仪，且须在 2017 年元旦前投入使用。11 月 16 日，航卫中心申报需求，12 月 1 日完成预算审批。采购部提前启动市场调研和招标方案编制，在预算获批后立即按照紧急采购流程申请招标，并依据招标结果，在来不及签订采购合同的情况下让供应商先行生产备货，3 个月的活儿 1 个月之内做完，有惊无险地保证了成渝昆等主要基地的酒精测试仪按局方要求投入使用。

虽然任务勉强完成了，但这并不是普遍适用的解决方法。作为使用部门，大家都有对用户体验的要求。但作为职能部门，采购部也不得不按照业务规范实施，以规避风险。在检视采购工作流程中，影响效率的因素集中体现在两方面：一是有招标方案、招标结果和采购合同 3 个环节需要会签、审批，每个环节都有 4 到 5 个部门参与；二是供应商备货需要一定周期。

如何才能在程序规范与采购效率之间找到平衡点？从制度流

程的角度来看，自上而下的授权优化、引入项目负责制思路已经萌芽。而从使用部门、业务部门出发，则要事前做好规划，事中紧盯审批流程，对于拟采购的项目尽早获取预算、申报计划，为后续采购实施留够时间。

专业挖掘需求才刚刚起步。与信息化建设类似，当前的采购工作中，也存在提不出专业需求的尴尬。目前的年度《集中采购目录》、定期发布的《集中采购产品信息库》，一定程度上可以帮助各使用部门把需求和采购匹配起来，但目前并不能完全解决各部门"不知道自己买什么合适""提不出确切需求"的困扰。这个困扰需要采购部和业务部通过提高采购人员专业化水平来解决。比如，采购部的协议管理员，大学专业是车辆工程，目前负责车辆采购项目。2019 年，采购部还有意识地招聘了两名轻纺与食品专业毕业的大学生，分别负责研究纺织品、食品行情，未来用于拓展纺织品、机供品集中采购业务。除此之外，采购部还计划在公司内部建立"集中采购专家库"，吸纳具备相关专业背景的员工，在采购过程中提出专业建议以供参考。

四川航空的收、拎、放集中采购，可控制成本且不低效，管理规范但并不僵化，走出了一条适合四川航空的集中采购之路。

3.2.6　中石化集中采购实践

中石化下属企业众多，为加强集团对采购业务的管控指导，规范管理、降本增效，中石化对集中采购进行了很多前沿性的理论探索与实践。中石化在《供应商手册》中，对集中采购向供应商进行了详细说明与介绍，以方便供应商理解与协作。下面摘录物资采购管理体制与集中采购的实践两个部分进行介绍。

1. 中国石化物资采购管理体制

中国石化实行"归口管理、集中采购、统一储备、统一结算"的物资采购管理体制。

（1）**归口管理**。中国石化从总部到各直属企业均由一位领导分管物资采购工作、一个部门归口负责采购管理工作，主要包括规章制度建设、体制机制建设、计划管理、质量管理、储备管理、供应商管理、价格管理、绩效管理和队伍建设等方面的内容。

（2）**集中采购**。中国石化对生产经营、工程建设、科研开发等所需物资实施统一对外采购。大宗通用重要物资由中国石化总部物资装备部牵头统一对外实施集团化采购，其他物资由各直属企业采购部门集中采购。

（3）**统一储备**。中国石化实行总部统一储备和各直属企业集中储备相结合的储备体制，通过电子商务系统和 ERP 系统实现储备资源共享。集团化采购物资由总部物资装备部牵头组织统一储备，各直属企业对本单位所需物资实施集中储备和统一配送。

（4）**统一结算**。采购资金由中国石化总部和各直属企业采购

部门统一使用，财务部门依据采购付款申请统一结算，中国石化
内部实行转账结算。

2.集团化采购实践的 4 种形式

由中国石化总部整合各直属企业大宗、通用、重要物资需求
资源，整合外部供应商资源，根据集团化采购物资目录，对目录
内的物资统一对外实施集团化采购，由此提高中国石化的资源获
取能力、议价能力和风险防控能力。集团化采购的实现形式有以
下 4 种。

（1）**总部直接集中采购**。总部物资装备部通过公开招标的方
式，直接与少数实力雄厚、质量过硬、价格竞争力强、行业领先
的供应商签订采购合同（或框架协议），再与各直属企业签订销售
合同（或调拨单）。主要限于对中国石化安全稳定生产、工程建设
质量和生产运营成本有重大影响的大宗、通用物资和特别重要物
资。具体流程如图 3-3 所示。

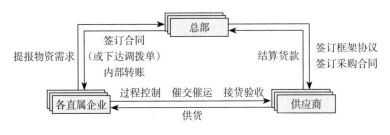

图 3-3　总部直接集中采购示意图

（2）**总部组织集中采购**。总部物资装备部牵头组织各直属企
业，以公开招标的方式，共同优选确定中标供应商名单，确定采

购价格（或定价机制），统一签订框架协议。各直属企业在框架协议项下执行订单采购，并负责过程控制、催交催运、接货验收、仓储配送和货款结算。主要适用于直属企业生产建设所需的大宗、通用重要物资，如图 3-4 所示。

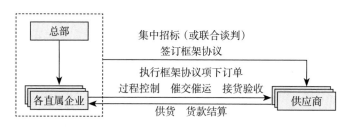

图 3-4　总部组织集中采购示意图

（3）**总部授权集中采购**。总部选择在专业技术能力、管理水平和人力资源方面具有优势的直属企业，成立总部授权集中采购中心，委托其牵头组织相关直属企业形成专业采购团队统一对外，通过公开招标确定中标供应商名单和采购价格，签订一系列框架协议。各直属企业在框架协议项下执行订单采购，并负责过程控制、催交催运、接货验收、仓储配送和结算付款，如图 3-5 所示。

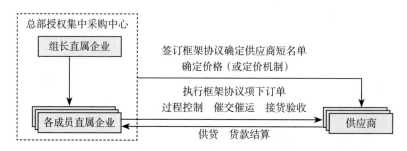

图 3-5　总部授权集中采购示意图

（4）**区域协同采购**。按照企业所处区域，成立区域协同采购中心，由组长单位牵头组织区域内各企业形成专业采购团队统一对外，通过公开招标确定中标供应商名单和采购价格，签订一系列框架协议。区域内各企业在框架协议项下执行订单采购，并负责过程控制、催交催运、接货验收、仓储配送和结算付款，如图 3-6 所示。

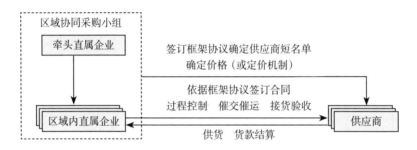

图 3-6 区域协同采购示意图

3.2.7 集团型公司集中采购 6 种方式

集团型公司的集中采购，由于各家历史、规模、体制、采购业务类型、子公司地域远近、承担的价值职能等因素不同，采购形式往往多样化。中国石化、中国移动等很多集团型公司都在进行积极理论探索与实践应用。在实践中，形成了总部指导、总部集中招标、总部集采、采购服务平台、总部采购管控、总部供应商集中管理 6 种形态。这里对这 6 种形态的适用情形、优点、缺点、关键管控事项进行汇总对比，以方便企业对照使用，见表 3-1。

表 3-1 集团型公司集中采购 6 种实践汇总

集团采购	适用情形	优点	缺点	关键管控事项
总部指导	供应链以敏捷服务为战略导向	较少参与具体流程，重点以改善整体能力和工作标准为主	需要花较多精力进行培养、协作、推进	策略性工作、成本类标准、供应商管理类标准、质量类标准
总部集中招标	一般适合于大额项目投资、设备、物流服务等	提高招标质量和能力，对大额支出进行有效的集体评审，获得高层参与决策	缺乏全生命周期管理，早期需求管理和后期执行阶段的优化工作少，也缺乏供应管理机制	招标制度建设、评标专家库的建设、招标流程的组织、招标相关的规范标准管理
总部集采	战略类、杠杆类物资；分为生产类物资的集采和非生产类物资的采购	可以发挥采购集中优势，获得更多的战略化空间	不适合的集采导致效果不佳，例如：项目施工单位大部分是项目区域采购，总部进行集中采购，由于供应商价格、交货变化产生冲突，最终变为招标名单	供应市场分析寻找成本优化机会、全球寻源、需求整合、战略性谈判方法、管控该类采购成果、管控集采类供应商绩效、管控集采类供应库存成本
采购服务平台	通用低价值物资的公共服务	提高服务水平，作业效率高	有些公司在操作过程中，供应商选择依然受需求单约束，变成操作性服务，可大大降低其价值	提供采购整体服务
总部采购管控	多元化产业的集团	有利于快速对采购管理资源进行整合，实现合规、透明	缺少战略优化的职能，在监管无法顾及采购执行后端问题	制度建设、采购合规管理、成本类管控、供应商类管控
总部供应商集中管理	供应链管理水平较高的战略采购组织	有利于对供应商进行全角度的供应链运营管理	需要组织协同能力比较强，需要组织部门间协作力强	供应商管理职能、规划管理策略策划、组织合规供应商指标、组织协调采供应商管理工作、优化和辅导供应商能力

3.3　招标采购企业实务

招标采购源自美国。20 世纪 80 年代初国内企业开始使用世界银行贷款，在世界银行要求下开始逐步引入招标采购模式。短短 30 年，招标采购在中国取得了极大的发展，不论是招标的法律法规建设、理论研究，还是招标应用范围、使用频次、从业人员，中国的规模都远超美国，处于绝对的世界第一，没有之一！

国内写招标采购的文章、书籍，大多是面向中央投资、政府采购、工程建设等法定强制招标项目进行论述的，侧重于政府采购机构、招标代理机构的招标过程管理。对于国内大多数企业而言，由于招标对象涉及企业生产质量、服务质量、产品竞争能力，不仅仅关系价格，还要考虑质量、服务、交货周期等因素，对于招标采购不仅仅关注"过程"是否合规，更关注"结果"。本节基于企业使用**自有资金**，在企业**自行组织招标**的情况下，对如何兼顾过程与结果开展招标业务进行阐述。需要说明的是，本节中的部分方法可能与现有招标的规定有所冲突，有些观点可能不够严谨。本节侧重于解答企业应用招标的困惑，不唯书，但求能对企业有所帮助。

3.3.1　招标采购的初心

随着招标在经济活动中应用越来越广，国家、企业对招标赋予了更多的管理诉求。对于招标采购，很多企业可以说是又爱又恨：每个企业不论是作为乙方投标，还是作为甲方采购，都离不开招投标；招标的弊病给企业带来了很多困惑，在有些人眼里，"招标就是走过场""越招标价格越贵"，甚至全面否定招标。

这里的问题实际是，"歪嘴和尚把经念坏了"。借用一句当前比较流行的话来说，让我们回到"初心"，看看招标模式设计的出发点。笔者认为，招标模式设计的初心有两点：一是通过市场竞争建立有效的价格发现机制，称为**"合理定价不依赖于个人能力"**。二是通过规范流程建立组织体系选择供应商的决策机制，称为**"过程阳光不依赖于个人觉悟"**。前者是结果，后者是过程，两者同等重要，缺一不可，只提其中任何一点都会导致招标有偏差。

3.3.2　招标采购的两派

国内企业在招标操作中，大体分为两派："过程合规派"与"结果导向派"。一般国有及央企注重"过程合规"，民营企业多以"结果"为导向。

招标"过程合规派"的出发点是过程监管。《招投标法》《政府采购条例》《工程招投标管理办法》等均对企业招标设立了很多的规范要求，国家相关部门也会根据这些要求核查企业的招标管理水平。实践中参标企业往往是依据招标企业的各种文件和要求进行方案提交，一般在开标现场就可以形成一个初步决议。一些规范的企业甚至会屏蔽领导影响，充分发挥组织决策效果。整个过程给大家的感觉是公平、公正、透明、合规的。"过程合规派"在政府、国有企业里最为典型。极端的"过程合规派"也有过分强调"过程"的重要性，不关心性价比好不好、不关心招标是否按时完成、不愿意承担招标的责任等问题。

招标的"结果导向派"则重视成本、质量、交期等实际能力的比较，流程往往不是很规范，招标结束后一般还有领导谈判或商务谈判，谈判中还要澄清一些不明确的细节。在招标过程中，招标人员主要着眼于供应商能力比较，注重分析供应商成本因素差异、技术能力差异、服务能力差异等。招标的目标是企业要在采购的各个维度都得到较好的服务。"结果导向派"容易演变成只关注结果，"不管黑猫、白猫，抓住耗子才是好猫"。招标后会充分利用采购人员的主导地位，通过各种技巧来再次压低供应商的报价，为企业争取更大的权益。至于招投标相关流程和制度，在"结果导向派"人员看来都是为结果服务的。久而久之，企业招标变成了价格谈判的一个步骤。

两相比较，"过程合规"和"结果导向"是一个矛盾的平衡，流程设置过于严谨，可能丧失一些成本优化的机会；而过分偏重"结果"，也会让供应商难以准确把握报价时机。所以对招标采购而言，"合理定价不依赖于个人能力""过程阳光不依赖于个人觉悟"应是我们设计流程和招标规则的标准。

3.3.3 搭建招标采购系统的 4 个关键

企业发挥招标采购的作用，需要搭建招标采购系统。搭建招标采购系统有 4 个关键。

1. 组织机构建设

"立其身必先正其名。"企业进行招标采购，首先要进行招标组织的构建。组建实施主体，如招标中心、招标办公室、招标委员会等，使招标采购有明确的责任主体。光有名字还不行，还要对这个组织进行定位，对其职责做明确细化，并做好宣传、培训工作，以方便后期工作的开展。

2. 制度流程建设

俗话说，"没有规矩，不成方圆"。企业在组织架构的基础上要制定招标采购的管理制度和流程，包括但不限于：招标立项的审批要求、项目发布范围、公告公示期、供应商的选择方式（公开、邀请）、投标文件的编制要求、投标各时间节点要求、标书费及保证金说明、评标规则、专家选择方式等，使实际操作者和参与者都有章可循，有制可依。另外在执行整个流程时我们还要有标准化的评审体系，评标规则是否科学，规则执行是否能严格按照标准，很大程度上决定评标结果的合理性。所以企业要根据自身的需求和实际情况综合考虑，在提高招标效率的同时更科学地利用这些流程制度。在实际操作中可以根据招标对象的差异，对采购物资进行分类，为不同类别物资设计招标管理流程，再通过实践持续改进。

3. 供应商资源建设

招标采购要做得好，企业必须有好的供应商资源来支持。企业建立合格供应商资源库和完善的供应商评价制度将使得招标采购事半功倍。有了好的供应商资源库会免去很多前期考察、资格审查等管理工作，帮助企业用节省出精力和时间去关注更有价值的事项。

4. 人才队伍建设

好的制度离不开专业的人去执行，招标采购也是一样的。专家团队作为招标采购的评议人在很大程度上决定了招标结果。尤其在一些专业化程度高、技术复杂的项目中，好的专家能利用自身的专业知识，根据企业自身的需求在技术部分给企业遴选出最优方案，所以如何发现、储备自己的专家人才，培育专业人才队伍，发挥专家人才的作用，是我们在搭建招标采购系统时需要考虑的关键问题。

3.3.4　招标全过程 14 步

招标活动是一个比较大的项目管理活动，需要对招标全过程进行科学梳理，分步骤，抓关键。实践中我们总结了项目需求确立后招标过程的 14 个步骤。

1. 招标文件编制

标书文件一般包括商务部分和技术部分。商务部分，企业一般是模板化重复利用，着重介绍标书的内容、招标目的、回复标书装订顺序等；技术部分，着重介绍招标产品或服务的技术要求、售后服务、注意事项等。企业要明确文件中的相关技术细节，避免因理解不一致而导致后续一系列成本的产生。

2. 招标项目审批

招标项目审批包括采购方式的合理性、预算的合理性、评议标准、供应商选择等。有效的审批，可以在预算环节进行有效的成本控制，并降低任意性风险发生的可能。

3. 公开招标公告

在相关网站及报纸等传播媒介上公开招标公告并预留足够的公示期，让投标人有充分的时间了解招标要求、准备投标文件。在实践中，企业一般预留 5～10 天的投标文件准备期，不必完全照搬政府的相关时间规定。

4. 供应商报名

对于公开招标的项目，供应商可以在公示期内参与报名，按照要求提交资格审查文件。对于邀请招标，供应商一般反馈"招标参与确认函"，自行按要求直接进行后续的投标工作。

5. 资格审核

公开招标项目，报名时间截止后，应进行资格审查，根据提交的资料，判断供应商参与项目的资格，保证招标质量。

6. 竞争性检查

参与投标的供应商的选择是影响企业招标效果的关键因素。差异太大的供应商同台竞争，招标结果可想而知。企业的竞争性检查，要保障同档次的供应商参与竞争，要保障 3 家以上供应商参与投标。如供方不满足竞争要求，建议延期开标或修改招标要求。

7. 投标费及保证金收取

为了规避招标风险，企业在投标之前一般会收取投标保证金，长期合作的供应商一般可交纳年度保证金。另外，企业委托第三方招标代理机构负责项目时，第三方机构会收取标书费。

8.供应商投标

供应商按照招标文件指示与相关要求，将投标文件密封送到指定地点。

9.组建评委会

开标之前，可通过手工选择或随机抽取的方式选择评标专家，组建评标委员。组建过程及结果应注意保密，避免泄露专家信息，以提高评议质量。

10.开标过程

很多企业组织开标时会邀请多人到场，拆分标书、唱标、开标需两三个小时，劳民伤财。如采用电子招投标系统则可通过技术手段保障开标前报价密封、开标后统一公示，点点鼠标就可完成开标，节省双方成本。

11.议标环节

招标法定义的是一次报价，即**所有的投标企业只有一次报价机会**。如果开标前进行了充分沟通，供应商非常清楚服务标准和内容，设置一次报价方式，供应商可以充分考虑成本和竞争关系，选择自己合理的报价，这样不仅程序简化，也可避免出现串标现象。有些时候，招标说明不能充分表明企业需求，双方需要在招投标过程中不断协商、调整，确定技术或商务内容，在这种情况下就会发生多次澄清和确认。

12. 评标阶段

评标专家是影响评标质量的关键因素。企业可以在需求部门、专业技术部门内部挑选对业务比较熟悉、责任心强的人建立企业评标专家库。评标环节的要点是保障参与评标专家具备良好的专业性，选择的评标方法要具备足够的科学性。

13. 定标环节

招标采购结果一般为专家评议的结果，会按照综合评分结果排名确定中标的供应商及供货比例。有些企业在定标环节经常是领导拍板，极端情况下还可能在投标单位之外另行选定供应商，这些是非常不可取的。评标定标是众议院与参议院的关系，是对供应商选择推荐权与决策权的分离。定标应严格按专家推荐排序。如推荐排名第一不符合，需要说明理由，然后依次定标。如全部投标人不合格，可以重新进行招标。

14. 中标通知书

企业招标最后的结果一般会以中标通知书的方式告之中标方，并要求中标方按照招标文件和投标文件的约定签订合同，执行供货或服务。

3.3.5　一个纠结：如何设定评分标准

评分标准是采购项目招标的重要组成部分，它既是采购人描述采购内容和需求的重要指标，又是投标人编制投标文件的重要参考，更是评标委员会进行评审的重要依据。可以说，评分标准的设置直接影响招标、投标、评标各环节工作，在一定程度上决定了采购管理的质量和效果。从某种意义上说，系统、全面、科学、合理、经济、适用的评分标准是保证招标成功的关键。然而迄今为止，关于如何制定评分标准国家还没有出台完整的规定，很多企业对于评分标准都很纠结。在这里，结合咨询实践经验，笔者来谈谈确定评分标准的过程。

1. 确定评分因素

综合评分法的主要参考因素包括价格、技术、财务状况、信誉、业绩、服务及对招标文件的响应程度等，因此，首先要确定哪些因素应列入评分内容。实践中，由于采购项目的类型复杂多样，因而具体要求千差万别。例如，服务类项目会将企业的物资装备、人员状况作为重要评分因素，而货物类项目就不一定考虑这些因素。即使同是货物类项目，也是有的需要查看样品或进行现场测试，有的则不需要。故企业应斟酌决定，将需要的项目列入评分因素，不需要的则忽略不计。

全面确定评分因素前，要对采购项目和供应商的各方面情况进行广泛的市场调研，包括实地考察、走访其他用户、咨询专家等。在此基础上，只要能反映采购项目或供应商某一优势或特点的都应列入，评分因素中不能顾此失彼，更不能遗漏重要的评分因素，否则就是不合理的评分标准。

在确定评分因素时不能将产品的产地、品牌作为评分因素，否则就是无效的评分标准。要将一级评分因素尽可能细化为若干个二级甚至三级评分因素，这样既公平合理，又便于专家评审，使评审专家的自由裁量权限定在合理范围内。

2. 分配因素权重

分配因素权重即将评标总权重分配到各个评分因素上。权重分配最能反映出采购人员的采购意向和采购偏好，分配评分因素权重包括以下两个要点。

（1）**区分重要与非重要因素**。区分重要与非重要因素即将所有评分因素按重要性进行排序，把主要技术性能、质量安全保证因素以及对采购项目生产和使用成本有较大影响的因素作为主要评分因素，其分配的权重应该高些；反之，作为非重要评分因素，降低得分权重。

（2）**区分主客观评分因素**。凡是便于用客观依据进行量化、细化的评分因素都属于客观评分因素，其分配的权重可占比较高；反之，则属于主观评分因素，其分配的权重占比应较低。

结合咨询案例与企业的实践，对不同类别招标项目的综合评估权重给出一些经验数值，表 3-2 为综合评估权重参考表，供企业设计评分方案时参考，企业还要结合自身的实际状况与供应商表现等确立本企业的评分方案。

表 3-2 综合评估权重参考表

招标类别	技术标占比（%）	商务标占比（%）	其他占比（%）
工程施工、设备类	≤40	≥60	≤10
生产工艺设备类	≤60	≥40	≤10
投资项目设计类	≤80	≥20	≤10
物资类	≤30	≥70	≤10
实验室药品／仪器类	≤60	≥40	≤10
市场／销售类	≤60	≥40	≤10
生产服务类	≤30	≥70	≤10
其他服务类	≤60	≥40	≤10

3. 制定评分细则

制定评分细则即制定各个评分因素具体分值的评定办法和评定标准。评分细则在整个评分标准中占有十分重要的地位，是评分标准的核心内容。评分标准的科学性、合理性主要通过评分细则来体现。

（1）**以客观事实为依据**。评分细则应尽可能以客观存在与否为评分依据，明确规定各评标因素的分值。

（2）**在评分细则中严格控制自由裁量权，应尽可能少出现"由评委根据……酌情打分"的字样**。对个别确实不适用客观依据量化、细化的评分因素，也应将评委的自由裁量权控制在最小范围内。

（3）**能明显分出高低**。每一个评分因素的细则，都应当能使不同情况的投标人获得不同的分值，以便相对容易获得评标结果。

（4）**评分细则不要太烦琐，也不要以不便审定的事实为评分依据**。

（5）评分细则应能进行横向比较，对不同因素的评分细则进行横向比较，目的在于保证各因素的单位分值含金量在统一的水平线上。

3.3.6　一个保障：招标结果三负责

随着社会经济的发展，招标在经济活动中的应用越来越广泛，但它的弊病也逐渐显露出来。"招标就是走过场""越招标价格越贵""招标会破坏质量"等问题都给企业的招标采购带来了不小的挑战。那么怎样来解决这些问题呢？我们不能拿任何模式都有两面性当挡箭牌。上面的这些问题，我们不妨回归初心，问问：招标采购的目的是什么？采用招标采购要产生的效果是什么？"合理定价不依赖于个人能力""过程阳光不依赖于个人觉悟"。那么我们就应该在**通过市场竞争建立有效的价格发现机制和通过规范流程建立科学的招标评审机制**两个方面下功夫。招标流程规范化只是手段，企业招标的最终目的是选择与企业相匹配的供应商，选择性价比最优的产品。企业可以建立招标终身负责机制，即所有的参与者对自己参与的部分，不论是开发供应商还是评标打分的结果终身负责，**谁推荐谁负责**。在企业招标实践中，应该鼓励采用多种途径扩大供应商范围。供应商本着"谁推荐谁负责"的原则，服务好的供应商对推荐单位表扬，服务差的供应商对推荐单位问责。

采购人员对价格负责。招标流程建立追溯机制，价格出现重大偏差，采购人员负责。

评标专家对质量负责。保留讨论记录，分析评标过程中专家评标情况，建立评标专家质量终身负责制。

3.3.7 标杆企业观察：河南心连心化肥招标采购

河南心连心化肥有限公司成立于 1969 年，历经两次改制，从国有企业改制为民营企业，于 2007 年和 2009 年分别在新加坡与中国香港上市。总资产 32 亿元，形成了年产尿素 220 万吨、复合肥 70 万吨、甲醇 30 万吨的综合能力，是国内以煤为原料的四大化肥生产企业之一。该公司拥有煤化工生产必备的水源地、降低能耗成本的自备电厂、物流保障及降低物流费用的铁路专用线等。公司实行准军事化管理，奉行诚信理念、"三讲、三不讲"文化，实施总成本领先战略和差异化战略。

河南心连心化肥为发挥集团化优势，降低采购成本，决定加强招投标管理，规范招投标行为。他们首先组织领导班子多次考察国内招标采购先进企业，进行广泛学习交流；之后结合自身特点，创建了一套适合自己企业的招投标管理制度。实施中，他们设立了专门的招标监督管理办公室，并以招标办为抓手，将下属公司的分散采购逐步纳入集团的招标管理范围内，顺利推行集中招标采购，取得了明显的管控、降本效果。

他们的招标监督管理办公室是独立于采购部门的监督管理机构，对公司所有涉及资金支出的项目、物资采购以及服务性活动进行监督管理，同时采购部门、项目部门还设兼职招标管理员，在招标业务上隶属于招标办管理，负责招标组织工作。实践中，根据涉及金额大小，要求各相关部门或采用备案制，或采用审核制。在实际管理中对审核项目进行"技术、商务分离"，公开招标管理。例如生产部门与技术部门的采购需求，必须提供 3 家以上的合格供方，招标办也有权力引进新的合格供方，3 家以上供方进入商务标环节，以实现充分竞争。在心连心，制度、流程高于一切，只要是公司审核通过并发布的制度和流程必须严格执行。如在付款管理方面，凡未向公司招标办履行备案或审核的所有采购、工程项目业务，审计部门不予审计，财务部门对该项业务行为禁止付款。心连心在招标体系建设中，不断总结经验、解决问题，逐步形成了一些有心连心特色的实践。总结如下：

（1）杠杆类物资采用网上竞价，战略类物资（这两者一类是行为，一类是物）采用由招标办全程控制的分类采购方式。

（2）该公司设有 3 人询价小组，由使用部门、采购部门、招标办人员组成，主要负责采购物资的询价，3 人背靠背分头询价，最终由招标管理办公室统一汇总。同时对于没有信息渠道的物资，通过关联物资或构成该物资的主要原料的价格进行参考定价，如包装袋的价格，可根据聚丙烯的市场行情，向供应商询价和协商定价。

（3）流程高于一切，为了让采购过程有充分竞争，应尽量减少个性化需求，如生产、技术等部门的需求必须有 3 家供方可以满足，并且商务有权力引进合格供方。

（4）对于通用物资、备品备件每月都进行招标，相同物资最低价作为公司规定的指导价。对于年度招标的物资，月度价格与年度招标价出现 2% 上下浮动时，要重新启动招标、议标程序。

（5）信息发布。心连心化肥子公司所有的采购招标信息，必须通过招标办在公司采购平台网站上公布，方便供应商及时了解招标信息，参与投标。

（6）在电子竞价系统建设方面，该公司通过配置近 20 人的信息化管理和技术人员，负责信息应用系统的开发、管理和维护。由业务部门提课题，信息化部门负责技术支持，进行设计、开发，做到了业务与管理需求的深度结合。

心连心高层高度重视招标工作在企业变革中的作用，在招标系统搭建上多方交流，科学策划，执行层面严格按制度流程执行，做实效型招标，并在实践中不断优化，为企业的总成本领先战略和差异化战略保驾护航。

3.4 "采"与"购"分段管控

在采购 2.0 阶段，中国企业通过集中采购与招标采购，在不同程度上实现了管理集中化与过程阳光化。而在外企，尤其是欧美企业，由于文化与人力资源费用等原因，更希望与供应商保持长期而稳定的合作关系，较少使用招标采购，更多采用"采"与"购"分段管控模式。"采"需要在物料分类、供应商开发、成本分析等方面下功夫，偏重战略层级。"购"偏重供应和操作层级，需要在库存管理、订单管理、物料计划上下功夫。"采"与"购"分离实现专业分工，不但能有效降低采购价格，更能规避"一条龙"模式中的部分风险。现在，越来越多的国内企业也开始推行"采""购"分段管控。我们的咨询客户在推动"采""购"分段改革过程中有收获，也遇到很多困惑，所以在此与读者做些企业实例分享。

3.4.1 "采"到底采什么

在外企做"采"的人往往被称为 Sourcing Engineer（寻源工程师）或 Strategy Sourcing Engineer（战略采购工程师），我们先来看一份企业真实的招聘信息对这个职位的要求。

Sourcing Engineer（寻源工程师）

岗位职责：

Develop and execute sourcing strategies for localization and cost reduction;

产品国产化及降低成本，发展及执行采购战略；

Achieve objectives of cost reduction, quality, delivery and safety;

达成降低成本、确保质量、安全交期的目标；

Monitoring and driving supplier improvement on quality system and on time delivery;

监控及推进供应商质量体系改进与及时发货；

Responsible for supplier contract negotiation, renew &

update suppliers' agreements；

负责供应商合同谈判、续订及更新；

Follow up and execute localization and cost reduction projects schedule with suppliers；

跟进及执行国产化和成本降低项目进程；

Search & develop to maintain a qualified and potential supply base in China for assigned categories；

为所负责产品类别搜寻、发展并维护合格及潜在的供应商；

Follow up/execute engineering/design changes according to drawings/specification；

根据图纸及规格跟进与执行设计变更；

Responsible for executing the entire sourcing process from supplier assessment, quote analysis, negotiation, supplier selection and approval, sample order, parts approval and serial production；

根据供应商评估执行供应商开发流程，报价分析，谈判，供应商选择及批准，样品及零部件审批，量产；

Execution of other tasks related to purchasing support which has been assigned by direct manager.

执行部门经理安排的其他采购支持工作。

任职资格：

Education 教育背景

Bachelor degree in mechanical, electricity, industrial design, engineering or other equivalent major.

机械、电气、工业设计、工程等相关专业本科学历。

Experience 经验要求

4 years above working experiences in sourcing or supplier quality management;

4年以上供应商开发或质量管理相关经验;

Knowledge in plastic, sheet metal, welding, casting, machining will be an advantage;

熟悉塑料、钣金、焊接、铸造、机加工工艺者优先;

Experience in supplier process improvement will be an advantage.

具备供应商工艺改进经验者优先。

Professional Skills / Knowledge 技能

Language Level: CET-4 or above;

英语四级以上;

Good command of English reading and writing.

良好的英文读写能力。

Behaviour Competencies 行为胜任特征

Able to multitask and manage priorities;

胜任多任务工作并分清主次;

Self-motivated, consistently takes the initiative to get

things done;

自我激励，持续改进；

Strong customer service sense;

良好的客户服务意识；

Good team player;

良好的团队合作者；

Self-aware and quick learner;

自我认知及快速学习能力；

Constant commitment to do things better.

承诺持续改进。

从上面的招聘要求中可以很清晰地看到"采"的职责范畴，其范围包括如图 3-7 所示的需求管理、品类规划、规格决定、供应商寻源评估、谈判签订合同等在订单执行前的所有过程。正所谓职责越大，能力要求就越高，从事"采"的工程师不应是一个被动的信息接受者，而要具备好的战略思维与沟通技巧，能从需求出发，通过分析、优化和协调，以最小代价为公司获得利益最大化。

供应商开发与管理是"采"很重要的环节，供应商开发流程分解为供应商准入、产品导入和监控、供应商绩效考核和供应商关系管理 3 个步骤，具体展开如图 3-8 所示的供应商开发流程图。

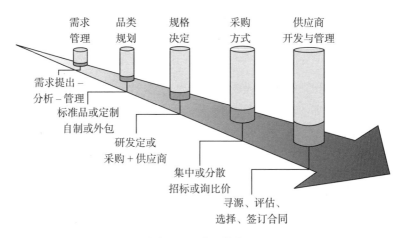

图 3-7 "采"的流程

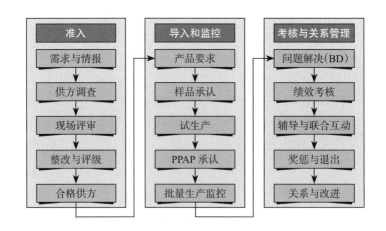

图 3-8 供应商开发流程图

用什么方法寻源，在短时间内能找到合适的供应商？这是很多寻源工程师最关心的问题。

这里推荐一种有效的寻源方法——"十字架寻源法"。如图 3-9 所示，十字架寻源法，即在供应商寻源时，首先调查竞争对手在使用哪家供应商，一旦找到竞争对手用的供应商，再调查该供应商的直接竞争对手，最后通过供应商问卷、电话与实地考察，确定供应商入围名单。整个寻源过程结构像十字架，所以称为十字架寻源法。采购管理者要常问以下问题：

（1）我们的行业标杆（竞争对手）用的是哪家供应商？

（2）这个供应商在市场上排名如何？有哪些竞争对手？

（3）我们的供方与竞争对手使用的供方相比，有哪些优势（质量、成本、交期、服务）？

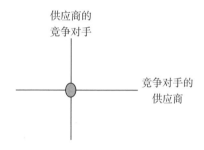

图 3-9 供应商十字寻源图

通过这样一个简单的方法可以缩短我们的寻源时间，同时提高我们的寻源质量，引导战略采购工程师关注竞争对手，从而获得供应商选择的比较优势。

3.4.2 "购"到底怎么购

上面我们分解了"采"，接下来我们再来分解"购"，仍然通过一家企业招聘"购"的任职要求来看。

Buyer（订单专员）

职位描述：

Manage purchase orders of raw materials to satisfy production plan and other corresponding requirements；

负责依据生产计划下原材料订单；

Coordinate with supplier to make sure the delivery of parts or components is on the planned schedule；

协调供应商以确保按交期准时交付；

Control the dead & slow moving stock to a minimum level；

管制死料、呆滞物料，使其库存最低；

Communicate the planning of forecasts with suppliers；

与供应商传递和沟通预测；

Check account statement and arrange payment to suppliers.

查核对账单并安排供应商付款事宜。

　　看完这个估计大家都会想这个"购"的工作好干，要求低，工作简单。但是这并不代表企业可以不重视这个"购"。订单专员职位虽小，但是他对保证公司运营影响很大。"购"的流程如图 3-10 所示，包括根据采购计划下单、跟催、入库结单，并对供应商的供货绩效进行反馈。"购"的人员要求工作细致、细心、耐心，虽然一般情况下"采"的要求要比"购"的要求高，但是好的"购"也能在计划及库存方面做出很多贡献，比如计划做得好的企业，其库存周转率高，呆滞物料少，对企业的资金周转及运营都会有很大的贡献。所以"采"与"购"，看似是分开的但又是互相支持和补充的，作为企业不但要"采"得好，也要"购"得准。

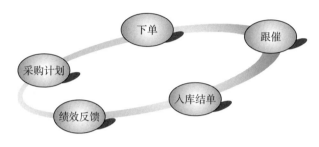

图 3-10　"购"的流程

除了"采""购"两段控，有些企业甚至会把采购分成三段：寻源、谈判、订单。即寻源团队专门负责寻找合格供方，谈判团队专门与供方谈判形成合同，并将结果录入系统，订单团队根据系统里供方的质量与报价来分配订单。寻源团队不负责下单，订单团队不与供应商见面，各部门各阶段的权力得到了制衡，在一定程度上降低了违规的风险。无论是二段还是三段都已经不是欧美企业的专利了，现在越来越多的中国企业也已经开始采用这种"采"与"购"分离模式。

3.4.3　咨询实例

为了让大家更好地了解"采"与"购"分离模式如何推行，我们以国内某化工集团 L 公司的咨询项目为例来看看"采"与"购"分离的实践。L 公司的"采"以物料品类来分工，"购"以服务的生产中心来分工，如图 3-11 所示。

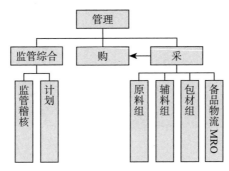

图 3-11 采购中心组织架构图

L 公司经集体讨论，确定了"采"的 8 项岗位职责：

（1）采购降本担当（采购降本项目）。

（2）推进采购物资的标准化、信息化的工作。

（3）采购产品的信息收集汇总与报告。

（4）市场与情报调查。

（5）供应商寻源、供方评估。

（6）推进样品的承认、供方准入。

（7）供方成本分析、谈判及合同的签订。

（8）供应商管理。

依据职责，确定了"采"的任职资格，见表 3-3。

表 3-3 "采"的任职资格

模块	胜任力词条	胜任力要素	胜任力行为描述	
			正面行为描述	负面行为描述
商业运作	战略思考与行动	系统思考		
	商业敏锐度	资讯收集		
		资讯分析		
	创新	突破性思维		

（续）

模块	胜任力词条	胜任力要素	胜任力行为描述	
			正面行为描述	负面行为描述
计划管理	计划管理	计划实行		
		成本意识		
人际技能	沟通与协调	协调能力		
		谈判能力		
		有效表达		
		同理心		
个人效能	诚信正直	尽责		
		自律		
	积极主动	主动性		
		弹性（适应性）		

L 公司经集体讨论，确定了"购"的 6 项岗位职责：

（1）依据采购计划及议价结果走订单审批流程。

（2）向供应商下订单。

（3）物流跟踪（交付、入库跟踪）。

（4）发票录入、付款。

（5）报表、台账。

（6）参与供方绩效评价。

依据职责，确定了"购"的任职资格，见表 3-4。

表 3-4 "购"的任职资格

模块	胜任力词条	胜任力要素	胜任力行为描述	
			正面行为描述	负面行为描述
商业运作	客户导向	服务意识		
运营管理	计划管理	计划实施		
	注重品质与精神	关注细节		
		风险防控		
	高效执行	规范化		

（续）

模块	胜任力词条	胜任力因素	胜任力行为描述	
			正面行为描述	负面行为描述
人际技能	团队合作	支持与服务		
	沟通与协调	协调能力		
个人效能	诚信正直	原则性		
	学习成长	学习能力		

企业在从"一条龙模式"向"采购分段管控模式"转变过程中，应注意以下要点，保证平稳过渡。

（1）采购分离时，应有 3 个月业务过渡期，这个阶段可能会出现业务衔接问题，所以采购管理者要在这个阶段多关注"购"，保证"购"的稳定性。过渡期的 3 个月如果出现供应问题，仍要考核原业务人员，以做好衔接工作。

（2）过渡期结束后，应多关注"采"。"采"需要专业性，这时要对"采"的人员加强培训，以免从事"采"的人权力很大但没有相应能力，发挥不了"采"的作用与价值。

（3）管理者加强对"采"的工作的引导与指导，因供应商准入权掌握在"采"的手里，要避免有竞争力的供应商进不来、该走的供应商换不走的现象发生。

(!) **注意**

采购管理者可以在采购流程上，尤其是比价单上加入一条要求：竞争对手使用供方的情报分析。引导寻源工程师在寻源时做好情报收集，与竞争对手进行优势比较。

采购管理者对于年度采购金额高的物资或项目，可以让两个

"采"的工程师背对背分别寻源并对结果进行对比，择优使用，避免寻源不充分、优秀的供方进不来的现象。

3.5 电子化采购管理系统建设与实践

3.5.1 采购信息化建设意义

与企业推行其他信息化建设一样，采购信息化建设可以把流程、制度固化下来，避免执行走样；还可以提高工作效率，使过程全程可追溯，实现阳光化、规范化。除此之外，采购信息化还有其独特的一些价值，通过表 3-5 可以看到传统模式和信息化模式下两种采购管理的差异。

表 3-5 传统模式和信息化模式下两种采购管理的差异

管理内容	传统模式	信息化模式
制度管理	多数企业按金额大小分级设计管理，实践中通过分拆业务，规避招标，往往偏离制度要求	可以通过流程设计、节点控制、功能设置、权限设置等手段来体现制度要求
	不同的采购品类特征需要不同的制度设计，制度设计过于复杂，不便于理解和执行	差异化的流程设计，给制度建设提供了空间
成本管理	ERP 系统只能产生用于结算的结果数据，丢失大量的决策过程数据，事后无法追溯信息	可以从数据标准入手，充分设计数据采集标准，产生大量的市场价格信息
成本管理	预算价格往往不具有合理性，价格偏离误导采购决策	进行价格数据整理，通过大数据分析，优化预算的合理性
	价格比较只能针对当次采购，分析历史价格工作量大，跨组织价格差异发现更是难上加难	在决策过程中，实时集成数据信息，了解价格的区域差异、组织差异、供应商差异，甚至一个供应商价格的前世今生

（续）

管理内容	传统模式	信息化模式
供应商管理	资源分散，实际情况掌握在采购人员手中，企业管理层不掌握具体信息	设计供应商资料数据标准，按分类进行数据电子化管理
	管理标准不统一，各自按照自己的流程去操作	统一进行各种标准设计，根据采购战略设计绩效管理标准，落实到流程和功能设计上
	供应商评审凭印象管理，年底走过场	提高供应商绩效的多部门协作能力，提高自动化、数据化比重
流程	往往不同组织流程和做法差异很大	对相同供应链特征的品类进行统一流程标准
采购标准化推进	依靠标准文档应用来开展	固化到作业环节里面，推进标准化率

3.5.2 电子采购的价值

在推行电子采购的实践中，企业反馈的优势集中在以下几个方面。

1. 有助于缩短采购周期，提高采购效率

通过电子采购交易平台，采购方可以根据自己的要求自由设定交易时间和交易方式，自项目正式开始至结束，一般只需要1～2周，较传统招标采购节省30%～60%的采购时间，大大缩短了采购周期。

2. 节约行政采购成本

据美国全国采购管理协会（www.napm.org）称，采用传统方式生成一份订单所需要的平均费用为150美元，而使用基于

Web 的电子采购解决方案则可以将这一费用减少到 30 美元；并且，企业通过电子采购的商品的价格平均降幅为 10%，最高可达 40%。

3.优化采购流程

电子化不是用计算机和网络技术简单替换原有的方式方法，而是要依据更科学的方法优化采购流程，在这个过程中，摒弃了不适应社会生产发展的落后因素。

4.减少库存，提高资金利用率

世界著名的家电行业实施电子采购后，在双方信息共享的基础上，供应商能直观地了解企业需求，企业也可以根据供应商的库存以及生产计划调整自身的库存和生产计划，这使得采购成本大幅降低，库存资金周转时间从 30 天降低到 12 天，仓储面积减少一半，节省库存周转资金 7 亿元。

5.有助于实现信息共享与交易透明化

在电子采购平台上，不同企业、相关供应商不仅可以即时了解采购、竞标的详细信息，还可以查询以往交易记录，这些记录中包括交货、履约等各方面情况。同时可以帮助买方全面了解供应商，更准确地把握市场需求及企业本身在交易活动中的成败得失，从中积累经验。在提高客户服务和客户满意度的同时改善供需双方的关系。

3.5.3 电子采购实施路径

从上文中我们可以看出电子采购可以给企业带来很多方面的好处，那么怎么来实施电子采购呢？我们总结了如图 3-12 所示的实施路径供大家参考。其中信息化建设在企业中往往有集中采购方向与流程信息化方向。这两个方向又因企业类型、发展阶段不同而导致电子化建设的关注点不同。

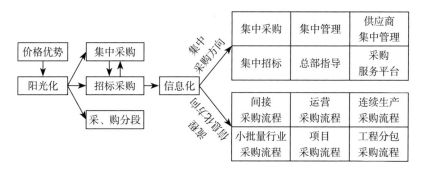

图 3-12　采购 2.0 电子采购实施路径图

3.5.4　电子招标系统框架的 1234

以应用最广的电子招标采购管理系统应用为例，电子招标采购的系统框架可以概括为 4 个方面，如图 3-13 所示。

1. 一个门户

企业在采购 2.0 时期，应建立企业采购业务的互联网专属平台，如图 3-14 所示。网站把企业的采购品类、需求、政策、供应商选择标准等信息公开展示，形成面向潜在供应市场的采购门户网站。企业建立门户网站相当于设立了一个 24 小时传达室，专门接待供应商，极大降低了供应商参与企业采购业务的门槛。某企业领导在实践中将这种方式总结为"任何人，不得以任何理由，把任何想与公司做生意的供应商挡在门外"。该企业在门户网站上线后，经过线上、线下推广，使得企业的供应商库得到了很大程度的丰富。

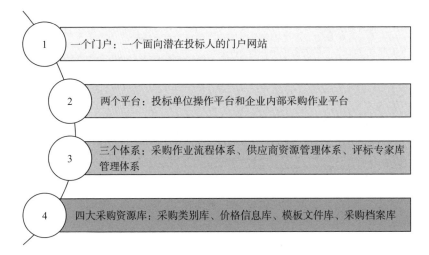

图 3-13 采购 2.0 信息化招标系统图

2. 两个平台

电子采购系统由外部供应商（即投标单位）操作平台和企业内部采购作业平台两部分构成。供应商操作平台为外部供应商提供了自助服务：可以自助更新企业信息、资质文件，发布企业产品信息，查看采购公告，网上投标，等等。企业内部采购作业平台是为采购内部业务人员搭建的，系统按用户权限不同进行划分，企业采购业务人员在系统内完成全流程作业。利益相关者可以根据自己的需要和权限随时查询了解采购过程，对关键环节进行审批。

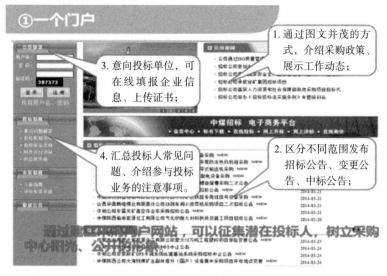

图 3-14　一个门户范例图

"一个门户，两个平台"是根据其自身职能的不同进行划分的，其中的信息、数据通过数据库按权限共享。通过合理划分内、外网业务，在提高企业采购工作的同时保障数据交互的便捷性和信息安全，如在电子平台上参加投标的企业就能在一定程度上避免串标的行为，能有效地防止投标企业串通，在规定的投标时间内可以防止内部人员与供应商之间的一些不合规的信息交互等。

3. 三个体系

三个体系分别指采购作业流程体系、供应商资源管理体系、评标专家库管理体系。

采购作业流程体系对采购部门编制需求、供应商投标、组织开标、内部评标、综合定标 5 个步骤进行了规范化设计，把采购行为的内控要素落实到软件中，如图 3-15 所示。

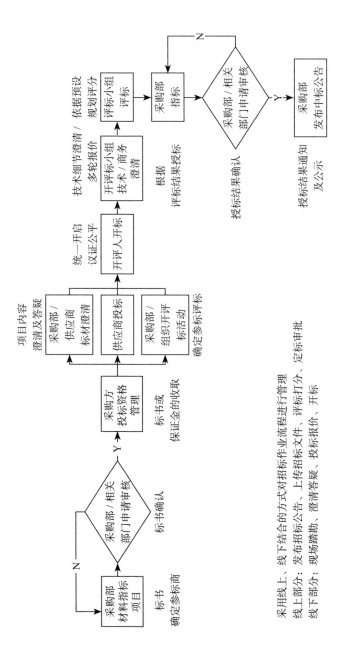

图 3-15 采购作业流程图

采用线上、线下结合的方式对招标作业流程进行管理

线上部分：发布招标公告、上传招标文件、评标打分、定标审批

线下部分：现场踏勘、澄清答疑、投标报价、开标

供应商资源管理体系着眼于供应商信息收集、供应商准入、供应商分类、供应商分级等方面，帮助企业在公平、公正、科学的评估体系下不断地引进优秀供应商，淘汰劣质供应商，建立一个动态更新的供应商库，如图 3-16 所示。

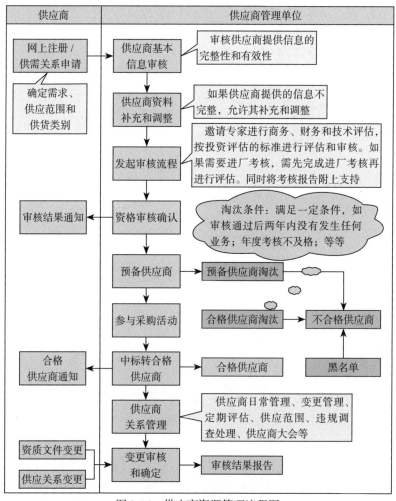

图 3-16　供应商资源管理流程图

评标专家库管理体系通过建立企业内部的专业人才库，规范专家评标规则，规范评标打分流程，使得这些把握着评标技术部分的责任人行使权力时能真正地为企业负责，避免掺杂个人情感或倾向打分，如图 3-17 所示。

三个体系构成一个稳固的三角形结构：供应商资源管理体系保障了能有更多优秀的供应商参与竞争，评标专家库管理体系保障了优秀的专家能真正发挥其专业特长帮助企业获得利益，两者共同形成了三个体系所构成的这个"三角形"的底边。企业规范化、透明化的采购作业流程，保障了采购作业过程符合公司的制度要求，相当于"三角形"的顶点，三个点互相连接、互相支撑，为企业的采购提供有力的支持。

4. 四大采购资源库

凡事都要有好的基础，肥沃的土壤才能长出好庄稼，对于电子采购而言也是一样的，下面我们就这块肥土构成的 4 个基本要素（采购类别库、价格信息库、模板文件库、采购档案库）一一进行分析。

（1）采购类别库对物资按专业、采购方式进行分类，其中生产物资建立明细分类下的物资编码，非生产物资等不方便编码的，可以通过规格、用途、图片等多种方式做进一步描述。采购类别库相当于建立了一个所有物料的索引，方便企业按索引查询供应商，描述分工，统计分析。

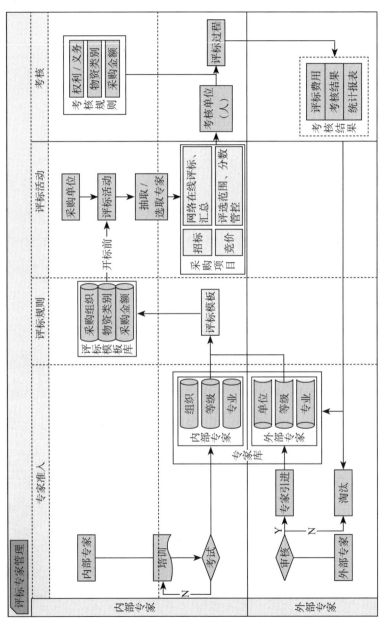

图 3-17 评标专家管理流程图

（2）价格信息库基于物料分类，可以采集市场价格行情，建立预算、招标、合同签订、结算的价格管理机制，为企业在价格评估上提供支持。

（3）模板文件库为采购人员工作建立了系列范本，在采购作业流程中，软件可以抽取流程数据，套用模板文件自动生成一系列具体文件，模板文件可以把企业采购的通用条款、管理要求固化下来，既提高了工作效率，又减少了人为疏忽导致的错误。

（4）采购档案库是企业归档文件的电子资料库，采购人员在系统中的每一步工作和决定都可以自动生成电子档案。线下工作的纸板文件，也可以扫描上传到系统中，可以减少文件查询的工作量，提供资料的利用率。

3.5.5　电子竞价作业流程的梳理

在电子采购中，我们应用最为广泛的是电子竞价，有必要将电子竞价的作业流程进行梳理，厘清关键点与难点，形成表格，以为企业推行电子竞价平台提供参考，见表 3-6。

表 3-6　电子竞价作业流程梳理

序号	流程步骤	流程描述
1	项目拟制审核	创建项目，添加竞价标的，选择参标供应商，报价标准统一，供应商之间的报价可以形成竞争 重点在于进行竞价参数设置，根据不同采购品的特征、竞价目标，制定合理的竞价策略
2	多种报价方式	可以设置单物料竞价、多物料竞价、总价竞价等场景

（续）

序号	流程步骤	流程描述
3	多种出价规则	设定出价的限制规则：低于上次出价（有利于采集成本信息）、低于最低报价（有利于提高竞争效率）
4	多种排序规则	可以按价格竞争排序，一般用于成本目标的杠杆类物资 可以设置供应商加权排序，一般用于有品牌差异、技术差异等场景
5	淘汰规则	设置供应商淘汰规则： （1）最低价与最高价相差达到百分之多少时，系统自动淘汰供应商 （2）供应商连续报价几次后还是最后一名将自动淘汰 有利于发现供应商的能力层级
6	竞争环境策略	供应商现场显示自身排名，一般不建议显示价格，供应商了解排名后，有利于按照自身价格能力逐步出价 设置采购方现场是否显示供应商名称，有利于规避采购方知道供应商信息 设置采购方现场是否显示供应商报价，有利于规避采购方知道供应商信息
7	项目发布与审核	项目定义后可提交审核，审核通过正式对外发布。领导对供应商、策略等进行审核
8	竞价保证金及权限管理	管理供应商交纳标书费及保证金状态。支持在收取标书费之后，方可查看标书，收取保证金之后，方可参与竞价 一般建议收取，避免竞标后供方违约等风险
9	试竞价	进入试竞价阶段，供应商尝试进行报价，确保网络畅通，熟悉竞价操作。有利于供应商做好准备工作
10	正式竞价	在所有供应商均完成报价后，启动竞价，进入正式竞价阶段。在正式竞价时间内，供应商背靠背出价，进行价格竞争 有些企业要求供应商在这个阶段必须几次报价，避免供应商处于观望状态
11	超时竞价	正式竞价阶段结束后，进入超时竞价阶段，在设定的时长内无新的价格出现，超时竞价结束 延时触发规则： （1）有新出价时进行延时，以获得更多价格信息 （2）有新最低价时延时，有利于缩短竞标时间

（续）

序号	流程步骤	流程描述
12	竞价过程管理	采购方可监控供应商报价情况，并对异常情况进行干预处理 暂停、开始项目：如项目过程发生异常状态时进行业务处理 调整项目时间：可以适当延长或缩短时间 调整降幅限制：可以减少降幅幅度要求，有利于供应商报出新的价格 对供应商或内部人员发送实时消息：引导、沟通、处理相关事项 禁止某个供应商报价，被禁止的供应商排名为最后，如对恶意竞争的供应商进行红牌罚下
13	授标	根据供应商报价情况，参考其他信息进行授标，选择中标供应商，并进行授标审核 审批规则也可按金额、重要度等方式进行规范
14	中标结果通知	在线发布中标通知书告知参标商中标情况，在线发布中标公告向社会公示中标信息。有利于产生投诉、争议处理通道
15	项目归档	对项目过程中产生的重要文档进行自动或手工归档，形成项目的电子档案。有利于审计或业务完整档案归集
16	项目异常处理	废标、流标、项目回退、项目调整等处理机制。可以解决异常业务的处置

3.5.6 标杆案例：中国移动电子采购招标系统应用

近年来，电子化采购由原来仅仅为了满足透明化、公开化的目标向集约化、供应链化、产业化方向迈进，在管理范围上由原来仅仅管理生产采购向间接采购、研发阶段采购、物流采购、工程采购等方面延伸，企业在应用和实践中不但提高了品类管理的水平，也给企业在采购的管理手段探索上提供了更多的机会。经过几年的发展，企业在规划和设计电子采购平台时的视野更加清晰、开阔，越来越多的企业可以根据自身的问题和信息化环境，设计出很多符合企业自身需求的高水平实践案例。虽然在采购 2.0 阶段还没有达到从战略层次设计整个供应链的水平，但是已经大大提高了和供应商的协作关系，为实施采购管理 3.0 打下了良好的基础。部分龙头企业已经摆脱集采、集管阶段，开始尝试产业化采购服务，并以此为方向构建和探索新的电子化采购实践，下面以中国移动某项采购为例，展示电子采购实务。

2015 年 10 月，中国移动某集中采购项目正在进行招标。本次招标的采购方为中国移动的 31 家子公司，包含 67 个标包，共有 445 家供应商投标。

与以往不同的是，此次招标并没有设在宾馆酒店内的招标现场，也没有看到堆积如山的投标文件和忙乱的人群，只有供应商安静而紧张地对着电脑屏幕的开标倒计时翘首以盼。9 点整，近 12 000 份电子投标文件同时在线解密，仅用了半个小时的时间，31 个开标现场的唱标工作全部结束。

如此高效的招标实施过程，依赖于中国移动电子采购与招标投标系统的支持。该系统于 2013 年开始建设，2014 年 7 月正式投入使用，横向实现了采购项目招标、投标、开标、评标、定标全流程电子化的目标。中国移动公司招标公告、中标公示均通过系统进行全网发布，为所有供应商提供了公正、公平、公开的投标环境；纵向贯通了中国移动集团公司全部的三级公司，总部、省公司（包括各直属单位、专业公司）、地市公司全部参与，全集团各级单位的采购寻源过程在系统的支持下全部实现了标准化、统一化、透明化。

图 3-18 所示为中国移动电子采购的框架。中国移动要求在各个文件提交环节均采取统一标准化采购文件模板，如图 3-19 所示。系统将采购过程各环节的标准文件模板以结构化方式固化在系统中，在发布采购公告、邀请函、公示、采购结果通知书等文书时，整个集团所有的分支机构发出去的文件是统一、规范的（图 3-20），这样不仅让供应商体会到整个过程的公正、透明，更能方便集团内部统一管理。采购交易全程的可视、可管、可控、可追溯，系统实现了交易过程中各个事项、时间节点的全程记录和操作留痕，并保存所有文件资料，确保采购信息的完整性和不可抵赖性。同时，实现在线检查功能，达到"采购监督实时高效，发现问题及时叫停"的管理目标。

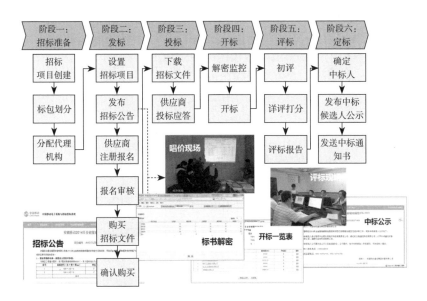

图 3-18 中国移动电子采购的框架

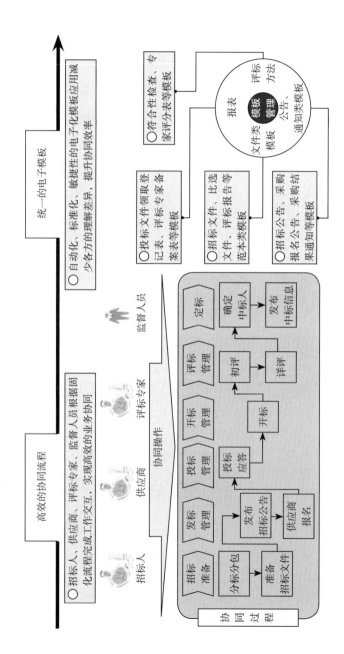

图 3-19 电子采购流程与采购文件模板

项目备案	采购信息公开	事中监察	事后监察	项目归档

采购招标公告、公示信息多媒体的电子化同步发布实现采购**信息公开**	**实现纪检监察功能**，保证监察人员在项目过程中、项目结束后可查阅采购项目所有信息	数字化归档保证采购项目信息的**永久追溯**

图 3-20   电子采购全程可视化

中国移动对于电子采购的实施推广经验，给各行业的采购人员提供了借鉴。

电子采购可以推动采购领域合法合规管理的提升。针对采购流程风险控制点以及相关法律法规，通过信息共享、固化流程、电子存档等手段，电子采购可实现"业务公开、过程受控、全程在案、永久追溯、留有痕迹"的目标。

电子采购可以显著提高采购实施效率。通过电子采购系统，可以实现供应商异地投标、专家异地评审，为其节省差旅时间，免去奔波之苦。同时对于集团性企业来说，通过系统支持，可以实现集中采购项目由多个子（分）公司分布式并行操作的协同采购模式，降低集中采购的组织难度，提高集采效率。

电子采购可以大大降低社会成本。电子采购除了获得合理的市场价格外，还有很好的环境效果。以对招投标的纸张成本节约一项，2015 年，中国移动全年减少纸质招投标文件约 60 万份，节约纸张 1500 吨，相当于减少消耗燃煤 750 吨、木材 1350 吨、生产用水 96 万吨、电 90 万度，减少二氧化碳排放 3450 吨、污水排放 45 万吨。

3.6 采购 2.0 综合案例：某央企集团集约化采购体系建设之路

某集团股份有限公司是中央企业的控股子公司，是国家重点支持的全国性行业企业之一。集团公司以水泥系列产品为主营产品，发展商品混凝土和骨料，延伸上、下游的产业链格局，实现了由单一生产向生产经营、兼并重组和资本运营综合一体化的转变。2014 年产能达到 2800 万吨，年商品混凝土产能超过 585 多万立方米，总资产超过 120 亿元。

3.6.1 实施集约化采购管控的背景

随着集团的跨越式发展，截至 2015 年 4 月，已建成 15 家水泥产销基地、9 家商砼基地，生产经营规模逐步扩大，传统的采购供应管控模式渐渐不能适应企业生产经营和快速发展的要求，特别是采购业务中缺少统一管理体系、竞争不充分、过程不透明、操作不规范、采购方法单一、监管不到位等问题逐渐凸显出来。问题主要表现在以下几个方面。

（1）采购金额迅速飙升，成本管控难度增大。2014 年全年采购金额近 40 亿元，6 年时间上涨幅度超过 300%。

（2）管控范围扩大，缺乏统一的集团采购管理体系。集团公司业务从 8 家子公司发展到 23 家，对整个集团采购的管理提出了更高的要求。集团还是采用传统的采购模式，各子公司各自为战，分散采购比较多。集团层面无法有效管控，资源浪费比较严重。

（3）信息资源无法共享，缺乏有效管理抓手。集团内部系统信息不畅，资源无法集中、共享，各子公司之间重复采购、重复储备现象比较普遍，仓储库存资金占用量大，采购成本居高不下。

（4）采购过程不透明，业务操作不规范。受传统采购方法与手段的制约，内部采购业务难免存在业务不公开、流程不透明、操作不规范及人为干扰等现象，虽然一直在加大监督管理力度，但基本上是治标不治本。

（5）供应商竞争不充分，采购职能未得到有效利用。受地域限制，各子公司的供应商多以区域贸易供方为主，且各子公司供应商相对比较固定，外部供应商入围门槛较高，市场竞争不充分。另外，采购职能仅仅是管理直接物料，而对于大宗原燃材料、工程外包、物流运输、外委劳务等较少涉及，在各个子公司各自为战的同时，部门之间也是各自负责，未能发挥采购资源整合的优势。

（6）需要从"以招代管"提升为科学体系的集约采购管控。2010 年下半年，集团建立"招标网"，通过加强集团年度招标及日常招标工作，取得了显著的效果，但仍存在较大的局限性，未能实现对采购全品类、全流程的有效闭环管理。

3.6.2 核心建设内容

集团实施集约化采购体系的核心建设内容主要有以下几个方面。

1. 集中统一的采购管控体制

集团实行集中统一、专业化采购、规范化管理有机结合的管控机制，公司物流供应部作为归口管理部门，对所有物流、采购、招标业务进行集中统一管理，履行采购计划审批、采购方案审定、集团化采购的组织与实施、合同监督等职责，子公司及归口业务管理部门按集团要求开展权责内的采购业务，接受各方监督。

2. 科学理性的采购运行机制

集团公司以流程化、规范化、集约化、科学化为管理目标，重新梳理了业务流程，规范了业务操作手段，细化了流程节点，建立了采购计划上报、逐级管控审批、集中与分散采购、网上公开招标、随机抽取专家评标、合同上网监督、物资验收入库、仓储物资共享调拨等环环相扣的采购运行机制。

针对技改工程、服务类采购，以科学管理、统一管控为原则，指定统一归口业务部门，理顺业务流程，加强管控。

3. 公开透明的电子化采购交易平台

以"采购电子化、管理信息化、信息集成化"为原则，将采购业务全流程嵌入采购交易平台实施，业务过程公开透明，结果永久可追溯。同时将供应商管理考评、采购数据统计分析、权限审批等关键点也嵌入采购平台，实现了流程的强制性。采购交易平台系统还与 ERP 系统、协同办公系统实现了互联互通，实现了信息的高度集成和全面共享。

4. 基于供应链思维的供应商管理机制

结合采购交易平台的建设，建立面向供应链的供应商全生命周期闭环管理环境，通过对优质供应源的寻找和发掘，突出战略供方与生产供方的选择，加强对中标供应商的扶持培育。将管理重心转向预备供方筛选和合格供方绩效评价，逐步建立完善优质的供应商库。减少不合理的中间贸易商，增加实力强、服务好的优质上游供方。

5. 互通有无的资源共享机制

为最大限度地实现资源高效利用，避免因信息不通造成采购成本上升，集团公司建立了资源共享机制，通过定期组织供应商、承运商考评，促进优质资源系统内部的互通共享。同时，集团通过仓储信息共享、实时跟踪，对各子公司储备的物资实行"集中储备、共享调拨"，避免了重复采购、重复储备的现象，大幅减少了库存资金占用。

3.6.3　主要做法

（1）坚定不移地推进采购改革，构建集中统一的采购管控体制。

1）**理顺管理架构**。为了改变各子公司管控分散、采购分散、监督分散的局面，集团成立物流供应部对物流、采购、招标、仓储业务进行集中统一管控。物流供应部下设物流管理处、采购管理处、招标中心，分别履行业务监管职能，如图 3-21所示。

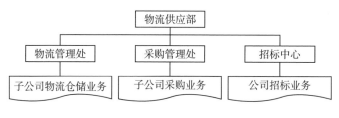

图 3-21　理顺管理架构

物流管理处对公司物流业务进行指导监管，负责物流成本控制与规范运行、物流资源的整合协调，并对仓储业务进行指导监管，优化资源配置，合理控制库存，建立物资集中储备与共享调拨机制；采购管理处负责公司采购管理体系的规范运行，审定采购计划及采购方案，协调平衡大宗原燃材料的供应；招标中心负责招标平台的运行及维护，建立健全招标业务规则，组织和实施公司招标业务。

针对技改、工程、服务类专业归口采购，业务管理由建管中心、技术中心负责，招标由物流供应部统一组织及监管，同时建立对采购前、中、后的统一监管、追溯机制。

2）**修订完善制度**。科学配套的管理制度是采购管控体制得以实施的重要支撑。集团公司修订和完善了《物流供应管理办法》，统领公司物流、采购、招标工作，同时为增强业务的可操作性，又制定了配套的、详细的《物流业务实施细则》《采购业务实施细则》《招标业务实施细则》，相对完善的制度及细则使业务人员迅速适应并接受，在短时间内改变了流程混乱、职责不清的被动局面。

3）**细化职责权限**。清晰的权责是采购管控体制高效运行的首要保障。集团按照上市公司管理内控要求，聘请了专业内控机构，科学划分了物流供应部与子公司、业务归口部门的职责权限。

（2）全面改造传统采购业务，建立科学理性的采购运行机制。

集中统一的管理体制建立以后，迅速改变了传统业务"分散采购""一竿子插到底""一单一操办"的被动局面。但如何创建一种长久高效、科学合理的采购运行机制，成了摆在集团公司面前的首要难题。经过广泛调研和慎重研究，集团决定彻底打破传统的采购运行机制，以创建采购交易平台为切入点，建立可以适应科学理性采购、强化管理控制和权力监督制衡要求的，与企业跨越式发展配套的现代采购运行机制。

集团调整了管控的重心，以规范化和流程化为出发点，对采购、招标业务流程进行了重新梳理。按采购管理与招标管理分开、业务实施与监督分开、计划上报和审批分开的原则设置了新

的控制节点。以物流供应部、子公司、招标中心 3 个部门为采购
实施主体，采用三级审核、逐级审批的管理模式，根据部门划分
了管理重心和业务操作步骤。按权责设置了管控节点和业务操作
功能，并将监督管控贯穿于业务全过程。通过管理重心的调整，
建立起了业务环环相扣、权力监督制衡、管控重点和具体操作相
结合的采购招标运行机制（图 3-22）。

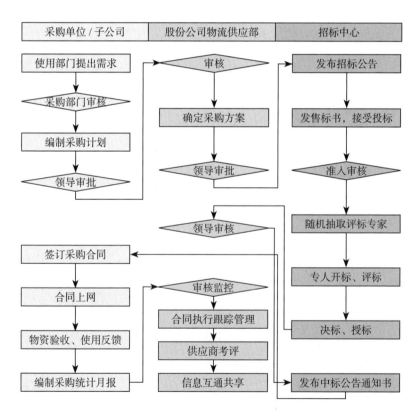

图 3-22　采购招标运行机制

（3）强力推进电子化采购，创建全品类、全流程的电子化采购交易平台，为集团采购管理提供有力抓手。

1）**统一流程，搭建电子化采购平台**。集团提出"全业务覆盖、全流程管控、全闭环管理、全方位监督、全阳光操作"为新采购交易平台的建设目标，以"管理规范化、决策科学化、效率最优化、效益最大化"为原则，将采购业务全流程嵌入采购交易平台实施。通过招标评选，选择了北京一采通信息科技有限公司进行系统设计，一采通的专家针对企业采购不同品类的需求计划、成本构成、供需关系、市场形态、物流特征、专业特点，逐一加以分析，将采购项目进行科学分类（图 3-23）。

生产采购	原燃材料	辅助材料	备品备件	机械备件	电气备件		
非生产采购	车辆维修	办公用品	电脑耗材	其他零星			
工程服务采购	土建施工	技术改造	检验维修	专业维修	矿山	专业服务	律师 审计
	劳务外包	厂内倒运	包装劳务	门卫环卫			
资产采购	车辆购置	工程用固资	库存固资	专业IT设备	办公电脑设备	其他零星购置	
物流采购	销售配送	生产物流	熟料倒运	供应物流			

图 3-23 采购物资分类

依据分类制定对应的流程和管控策略，形成了 9 类集采作业模式，包括战略采购、生产协议采购、生产当批采购、非生产采购、通用物资采购、工程采购、物流采购、零星采购、紧急采购。根据集采管控方式，形成"战略合同、框架协议、批次合同"等 3 类集采管控模式，如图 3-24 所示。

	流程步骤				说明	适合类型
战略采购	ERP/MRP驱动	基于行情动态定价	战略合同、框架合同	库存+滚动订单	按用量、质量结算	发展战略供方,持续合作,互赢发展；战略合同确定战略伙伴关系；根据市场行情动态定价,互赢合作	大宗原燃材料；标准备件
常规采购	ERP驱动/手动计划	组织周期性定价、签订框架协议	战略框架合同	库存+滚动订单	按用量结算	发展稳定供方,持续合作；框架协议合同确定长期合同关系；周期性定价	标准备件；标准材料
当批采购	手动计划/采购任务书	单次定价、签订批次合同	合同履约到货领用	按合同结算		每单询价、招标、签订合同,合同履约；通过多家比价、总成本明细、预算控制等方法控制成本	设备；非标备件；外加工
工程采购	项目清单/项目任务书	单次招标/议标,签订合同	按合同履约、结算			基于项目需求清单,任务书发起专业定价；工程发包遵循专业方法：清单、定额	技改技措；基础施工
物流采购	销售订单报价通知单	动态调价	招标+基准价	按承运单	按承运单结算	招标确定承运价；基准价指导物流定价；根据市场行情动态调价	销售物流；生产物流
服务采购	人工申报/任务书	单次招标/议标,综合评议、签订合同	合同履约	按合同结算		每单询价招标、签订合同,按合同履约；通过多家比价、预算管理控制成本；对服务效果综合评价	服务
低值易耗	需求规格合并	集中招议标,发布商品目录	按目录订货	按用量结算		汇总合并需求规格,形成批量目录化定点；地域特殊性采购可按地区定点	劳保用品；办公用品

图3-24 分类管控策略

2）**强化监督，创建立体化评标室**。为了给招标网平台创建一个公开、透明的环境，集团公司在总部设立了总评标室，在各子公司设立了 10 个分评标室，评标室配备了评标专用电脑、专用电话和传真，安装了先进的音视频监控系统。评标专家评委以及投标人可同时通过互联网及音视频设备进行互动交流、提问、澄清、答疑、沟通、讨论，实现了同步远程评标，打破了时间和空间的限制，节约了大量的财力和物力，既方便了投标方，又提高了招标工作的效率。集团公司总评标室可以同时监控各子公司所有评标室，并可实现远程同步音视频交流，所有的音视频活动和操作记录全过程保存，追溯性很强。纪检监察人员可通过网络监控系统对开标、评标、授标全过程进行实时监督。

3）**规范评标，建立评标专家库**。为确保评标业务的公平性和独立性，提高评标的专业化程度，集团公司专门成立了"评标专家库"，根据物资采购类别设置了 6 大类评标专家，目前公司共有 229 名评标专家。

评标专家由各子公司根据类别推荐，集团物流供应部组织考察审核，经公司领导批准后进入专家库参加评标，并享有规定的权利和义务。招标中心负责评标专家的日常管理，随机抽取评标专家参加评标，定期组织培训及考评工作。

4）**动态考核，实行供应商统一管控**。采购交易平台的建立，为采购业务创建了公开透明的实施平台，全国各地的供应商纷纷提出准入申请。供应商的增加改变了以往贸易商居多的被动局面，集团公司适时提出了"积极开发生产制造供方，适当控制贸易流通供方，大力发展战略合作供方"的管理原则。招标中心对所有供应商的准入申请进行审核，查看供应商在招标网平台上提交的资质档案，对其资金实力、生产规模、经营业绩等进行全面评价，审核通过的供应商进入供应商库，即可申请参加投标业务。同时，对供应商档案实行电子化管理，以定期组织供应商考评的方式扶优汰劣，从而加快了供应商的流动，吸纳了一大批实力强、信誉高、服务好的供应商资源。

（4）全面加强仓储管理，建立互通有无的资源共享机制。

采购成本的管控不仅仅涵盖采购计划、采购方案、招标管理，仓储管理也是控制采购成本的重中之重。为了将仓储管理同集中统一化管理、采购运行机制、采购交易平台有机地结合起来，集团公司主要做了如下几项工作。

1）**建立了"仓储管理"专栏。**通过该专栏动态反映股份公司及各子公司存货情况，按月通报各子公司存货变动数据及存货结构比例，并可实时查询某类物资在各子公司的存储数量，便于子公司之间集中储备和共享调用。

2）**建立了定期清仓查库机制。**为准确掌握仓储物资的存储情况，集团公司要求物流供应部定期组织各子公司对仓储物资进行清仓盘库，对物资进行综合利用，对废旧物资按流程拍卖变现。随着清仓盘库工作的常态化，彻底摸清了家底，减少了重复采购、重复储备现象，减少了仓储物资的资金占用。

3）**优化物资结构，确定库存标准。**为实现既满足物资储备与生产经营需求之间顺畅衔接、同时降低库存资金占用的目的，集团公司按库存类别将物资进行了分类，根据市场供求关系确定某类物资的储备量和储备周期。对原煤、混合材等原燃材料根据市场价格变动情况确定库存标准，对储备周期长的备品备件类物资划定库存"警戒线"，对办公用品、劳保、杂品及其他市场供应充分的物资实行"零库存"，见表 3-7。

表 3-7　物资库存分类表

序号	物资类别	物资名称
1	原燃材料	动力、原煤、石膏、铁质材料、混合材、外购石灰石、外购熟料、水泥、废石、黏土、砂岩、硅石、碎石、细石、卵石、洗砂、其他外购原材料
2	辅助材料	包装袋、研磨材料、耐火材料、火工材料、助磨剂、各类外加剂
3	配件材料	备品配件、汽车工程机械配件、水暖配件、标准件、机械输送配件、汽车轮胎、电铲潜孔钻、空压机配件
4	电气配件	电工电料电线电缆、电气仪表配件
5	金属材料	黑色金属、有色金属、小五金
6	油品	各类油品（含润滑油）
7	化工建材	化工建材油漆胶类、木材、化学仪器药品
8	轴承	各类轴承
9	劳保用品	各种劳保用品
10	橡胶制品	各类输送带、皮带
11	气体	氧气、乙炔、氮气
12	收尘材料	各类收尘材料
13	工具	各类工具
14	办公用品	各类办公用品

（续）

序号	物资类别	物资名称
15	消防器材	各类消防器材
16	杂品	笤帚、扫把、拖把
17	维修服务	各类维修项目

（5）取得的成效。

集团集约化采购管控体系及采购交易平台自建立以来，彻底打破了以往采购工作的被动态势，集中管控的效果逐渐显现，采购运行机制高效顺畅运行，采购平台在降低采购价格、拓宽供应商入围渠道方面发挥了积极有效的作用，仓储共享机制的强力推广进一步优化和改善了库存结构，大幅减少了资金占用。

一采通采购交易网上线运行以来，业务范围逐渐增大，招标增长至 2014 年的 88.99%。

在追求采购过程阳光透明的同时，不断强化供应商管理手段，积极寻找发展培育战略供方，扩大战略框架采购范围；逐步减少贸易供方，采取准入限制和日常考评相结合的方式，供应商结构日趋合理。

另外，在不断提升大宗原燃材料进厂质量指标的同时，采取寻根问源、拓宽渠道、招标议价等手段，大幅降低了采购价格。

1）**集中采购优势突出，保供能力显著增强**。

集团按集中与分散相结合的原则，积极发挥集中采购优势，利用一采通采购交易网对原煤、包装袋、助磨剂、外加剂、耐火材料等物资由物流供应部集中组织招标，取得了显著的效果，为企业节约了大量的采购成本。

2015 年原煤由集团组织集中采购，累计节约采购资金 14 494.61 万元，原煤发热量同比提高，标准煤耗降低 2.6 公斤 / 吨。铁质校正材料节约资金 1038 万元；氨水节约资金 389.85 万元。

2）采购平台覆盖业务范围不断扩大，物流招标效果显著。

一采通采购交易网物资采购招标范围逐年增加和扩大，到 2014 年招标范围达到 88.99%。

3）权责明确清晰，采购效率大幅提高。

集约化采购运行机制将集团集采职能部门与子公司的职责权限进行了科学合理的划分。各子公司负责上报采购计划，编制招标文件，集团供应部审定采购计划，确定采购招标方案，招标中心负责审定发布招标公告，随机抽取评标专家，评标方法采用专家综合评估打分或价格决标，纪检监察人员全程参与招标、评标过程，采购业务单位根据中标结果签订采购合同，并将采购合同上传至协同办公平台供相关部门监督查阅。所有业务均在一采通采购交易网上进行，过程公开透明，权责清晰明确，采购效率较之前有了大幅提升。

4）市场竞争充分，企业形象不断提升。

随着集团采购管控体系的逐步完善，加之供应商对采购交易网的认知及认同，为双方创造了互惠互利的采购交易平台。打破了以往供应商与承运商相对集中甚至垄断的局面，拓宽了入围渠道，形成了公开、公平、公正的竞争机制。对供应商来说，公开、透明的管控体系也为他们提供了公平交易的商机和相对稳定的供应渠道。集团采购管控体系以高效、透明、规范的业务模式，向外界充分展示了中央企业及上市公司良好的企业形象。

　　5）**采购体系日趋完善，为同行业提供了参考价值。**

　　采购模式的构建过程和运行效果引发了建材行业同仁的高度关注。诸多建材企业纷纷前往集团公司参观考察，对集中管控的集约型采购管控运行机制，以及信息化与工业化融洽结合的一采通采购交易网系统给予了高度评价。

3.7　学以致用

学

请用自己的语言描述本章的要点：

思

描述自己企业的相关经验与本章对自己的启发：

用

我准备如何应用？我希望看到的成果是什么？

会遇到哪些障碍？

解决障碍有哪些方法、措施、资源？

第 4 章

采购 3.0——战略采购，协同降本

4.1 采购 3.0 的核心

4.1.1 阳光采购还不够

很多人会问：公司已经推行了采购 2.0——阳光化采购管理，建立起了权责明确的采购管理制度、流程，也取得了不错的降本效果，为什么还要再升级采购系统呢？

原因很简单，采购 2.0 以采购价格为导向，企业通过压迫供应商降价来实现自身利润的最大化，随着供应商一轮一轮地降价，一些深层次问题必然显现。

（1）随着年复一年地降价，供应商的利润空间越来越小，降价的效应不断递减，降本活动推行越来越难。

（2）长期压价造成供应商合作意愿下降，影响未来的长期合作。

（3）以价格为导向的招标，容易造成好的供应商进不来，差的供应商不肯走。

（4）低价造成的一系列质量问题、客户投诉问题，使企业付出了更高的代价……

随着垂到地面的果实被摘完，压榨供应商降价的方式已经不再奏效，企业如果还要持续降本增效，就必须深化采购系统升级，树立健康降本的长效机制，这时企业进入采购 3.0 阶段。

4.1.2　战略采购，协同降本

理解采购 3.0 的战略采购，协同降本，需要掌握 3 个关键：一是对成本的理解，二是对战略采购的理解，三是如何建立协同。

1. 价格最优 ≠ 成本最优

采购 3.0 阶段，企业发现价格只是成本的冰山一角，企业从追求价格最优转变为追求总成本最优，而成本主要由设计决定，企业需要优化自身的设计。举个例子：请朋友吃顿饭，如果非要点龙虾，而且指明了产地，那么商务上降价的空间是非常有限的，商务降价比例通常为 5%～10%，因为这就是供应商的利润空间。与其思考怎么能以更低价格买到龙虾，倒不如思考如何优化菜品结构来降低成本。企业关注焦点从外部转向内部，对复杂的品类、不合理的设计、过高的技术标准进行优化；从被动的后期管理转变为更加积极主动的前期设计优化；从关注价格最低上升到关注成本最优，如图 4-1 所示。

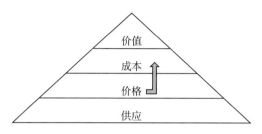

图 4-1　采购系统需求驱动变化

那么价格和成本到底有什么联系与区别呢？如果把成本比作海洋里的冰山，价格就是成本这座冰山露在水平面的部分，而水平面下还有相当一部分不太好计算但又实实在在存在的成本。企业开会发现没有白板笔而要紧急采购（大家可以把白板笔当作生产需要的备品备件或工具类物资），市场上一支白板笔是 2 元，这个称为价格。但买笔，得由内部需求单位提出申请，领导审批到采购执行，再到入库报销、笔的使用、耗材、维修、废弃处理一系列过程。这些行为有的可以直接以货币形式表示；有的可以按所耗费工时的工资成本表示；还有一些是机会成本，即如果不做这个，做另外一个活动所产生的收益。如果一个采购员每月3000 元工资，部门领导 6000 元工资，司机 2000 元工资，我们可以用表 4-1 来算算采购这支白板笔所发生的时间及相关费用。

表 4-1　采购过程时间花费及费用统计

采购过程	时间（min）	金钱（元）
需求单位写采购申请单（PR）	5	3
部门领导签字审批	5	6
PR 转到采购部，要采购部紧急采购	5	3
采购员写派车单	5	3

（续）

采购过程	时间（min）	金钱（元）
拿给主管审批	5	6
采购员外出采购（往返）	60	36
公司司机开车	60	20
油费		20
过路费，车损、保险		10
采购员做入库手续	5	3
采购员报销——审批	10	6
企业采购过程花费		116
加上笔的价格		2
合计	160	118

在这个案例中，为买这支笔支付的 2 元，是价格；而公司在整个过程中一共花掉的 118 元，是成本。采购 2.0 阶段最大的问题是盯着这 2 元，反复比较哪家更便宜，而对 2 元背后支出的 116 元视而不见。采购要想把这 2 元采购价格降下来，是很有难度且容易牺牲质量的，而要降低这 116 元的过程成本，是完全可行的。成本与价格，就像选择人生伴侣时相貌与人品的关系，不要只看相貌，更要看人品。采购 3.0 阶段，企业不一定要降价，但要降成本。

2. 面向未来，长期规划，做战略采购

采购 1.0、2.0 阶段都属于交易型采购，这个层次关注战术多一些，忽略了采购的战略作用，忽视了采购对长期竞争优势的影响。采购 3.0 实施的战略采购与交易型采购的主要区别有以下 3 点。

（1）**站得更高**。战略采购是企业发展中采购业务层和企业战略之间的桥梁。战略采购在满足企业当下需求的同时更关注企业

未来的发展，3.0 阶段的战略采购能把自身的发展与公司的战略进行融合，不单是考虑自己部门业务层级的事情，更多是关注企业发展的需求和企业战略的需求，在实践中站在供应链和企业的高度，助力企业发展。

（2）**有大局观**。战略采购不只是考虑采购的战术问题，更要考虑如何有力地对接与支撑公司战略，有大局观。能将企业放在整个行业中进行考虑，出发点不再是采购部一个部门或采购员一个人，而是整个公司，或者整个供应链。通过整体考虑、整体规划，帮助企业提升供应链的竞争力。

（3）**有前瞻性**。采购在 3.0 阶段不再是四处救火，天天处理紧急问题的交易采购，而是基于竞争优势与客户满意对采购系统、供应商资源进行长期规划，提前布局，通过品类管理、资源整合和前瞻性的规划帮助企业提高业务质量。

3. 实施跨部门协同

在采购系统层级上，如图 4-2 所示的一样，采购管理的关注焦点从对采购职能的管理升级到跨部门的协同管理。

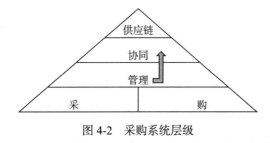

图 4-2　采购系统层级

采购 3.0 阶段的企业意识到推行战略采购，降低成本，只靠采购部一个部门是无法实现的，必须实行跨部门的沟通。企业一大，由于考核、文化、管理者的个性等多种原因，部门之间往往容易形成"部门"墙，各部门只关注自己部门的绩效，无人从系统上对总成本负责，反应缓慢，内耗严重。企业内研发决定品类、规格，生产部门影响收货、验收，这些都对成本和供应商有很大的影响。企业认识到采购与研发、生产等部门之间需要达成战略共识，以系统观、大局观为指导原则进行高效协同，才能产生好的效果。通用电气前 CEO 杰克·韦尔奇有一个形象的比喻："一栋建筑物有墙壁和地板，墙壁分开了职务，地板则区分了层级，而我要将所有的人全都聚在一个打通的大房间里。"企业在采购 3.0 阶段，必须进行"拆墙"活动，从靠采购部一个部门背降本指标，到跨部门协作，各部门协同实施战略采购与降低成本活动。

4.1.3　采购 3.0 实施路径

如图 4-3 所示，采购 3.0 以降低全生命周期总成本为目标，推动采购系统上升到战略采购层级。

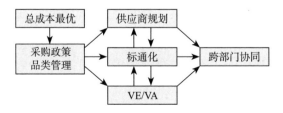

图 4-3　采购 3.0 实施路径图

推行战略采购，要先制定采购政策作为全公司各部门共同的指引，同时基于数据分析，以品类管理为抓手，对供应商资源进行分析、分类、整合及优化，使供应商资源能与企业战略发展匹配。在降本环节，企业对内部的不合理品类进行整合优化，通过推行标准化、通用化（以下简称"标通化"），使供应物料品类减少，生产复杂程度降低，单一物料需求倍增，供方生产成本下降、质量上升，供应链的复杂度也随之降低。在标通化后期，企业对内部规格与标准进行优化，包括对老产品进行 VA（价值分析）及对新产品进行 VE（价值工程），从而给企业带来更多的利润与竞争力。

推行战略采购，实施供应商分类与规划、标通化、VE/VA，都需要企业高层、研发、质量、生产等各部门进行跨部门协作。这些活动加重了其他部门尤其是研发部的工作负担，如果企业缺乏有效的配套激励措施，各个部门 KPI 无关联性，那么推行跨部门协作就会非常困难。所以，企业高层应对跨部门协作高度重视，并配套有效的激励政策与考核制度，而采购部也应多进行跨部门访谈与沟通，并利用 QC 小组等进行专项活动改善。

4.2　战略采购

4.2.1　如何理解战略采购

当谈到战略采购，不同类型的企业对它的理解是有差异的。在国企与民企，谈到战略采购很可能说的是战略类物资的采购；

而在外企，如果名片上印的是战略采购工程师，往往指其负责
"采"的环节，包括供应商寻源、评估、谈判、合同签订，区分
与订单操作（Buyer）。从公司内部而言，不仅仅是考虑采购部门
内部的管理，更多的是走出去和研发、设计、质量、销售一起来
整合资源，协同降本。从企业外部而言，战略采购不再以用战术
压榨外部供应商作为降本手段，而是发展与供应商长期共赢的合
作关系。

　　"战略采购"这个名词是由咨询公司科尔尼首先提出的，当然
科尔尼创造这个名词，更多的是为了发展采购咨询业务。因为战
略本身具有一定的虚泛性，导致很多企业对战略采购的定义和理
解不同，这也造成了战略采购实施的困难。说起战略，它是指导
一个组织长期发展方向、发展范围和发展目标的长远规划。它在
注重全局性、长期性和竞争性的同时还要解决以下 4 个问题：

- **我是谁？**
- **我们在哪里？**
- **我们要去哪里？**
- **怎么去？**

　　如果给战略采购下个定义，就是战略采购有别于传统采购，
更关注全局性、长期性和竞争性。战略采购以降低采购物资的
TCO 总体拥有成本及提高供应链竞争能力为目标，在对企业优
势、劣势、机会、威胁（SWOT）等分析的基础上，对外部供方
资源进行价值发现、价值利用、价值创造、价值传递，从而打造
出可持续性的、多赢的、有竞争优势的共赢价值链。

表 4-2 为传统采购与战略采购特征对比表，对传统采购与战略采购的特征进行了对比，请你在符合项目的（　　）里打钩。

表 4-2　传统采购与战略采购特征对比表

传统采购	战略采购	传统采购	战略采购
采购功能（　　）	货源搜寻（　　）	官僚架构（　　）	竞争优势（　　）
物料需求（　　）	顾客需求（　　）	敌对关系（　　）	策略联盟（　　）
供应厂商（　　）	外部资源（　　）	压迫降价（　　）	成本管理（　　）
价格第一（　　）	利润第一（　　）		

你的企业目前总体属于传统采购还是战略采购？对于战略采购而言，哪些项目需要改善？

你的答案：

4.2.2　认识 TCO

前面我们提到 TCO，那么到底什么是 TCO 呢？ TCO 即 Total Cost of Ownership（总体拥有成本），指基于全生命周期所发生的成本，包括前期的产品设计成本、制造成本到采购成本、使用成本、维修保养成本、废弃处置成本等。

以企业设备采购的 TCO 为例，设备采购的 TCO 由以下 3 个部分组成。

1. 所有权成本（即价格）

设备原来由供应商所有，支付给供应商相应金额（设备价格），变为你所有，为所有权转移所发生的成本，称为所有权成本。

2. 取得成本

为了取得某台设备，过程中所花费的成本，称为取得成本。在买白板笔的案例中，采购过程产生的 116 元成本，就是取得成本。很多取得成本在公司财务上没有被归结到该项目中，是我们最容易忽视的。

3. 取得后成本

设备买回来，还要使用耗材、备件，还需要水电能源、修理保养、报废后的处置费用，所有的这些花费，称为取得后成本。如果买过打印机你就会发现，厂家卖打印机很便宜，最后靠什么赚钱？靠墨盒等耗材赚钱。这就是取得后成本。

(!) **注意**

购买设备货比三家时，不可以只比设备价格，应设计 TCO 总成本比较表，其中包括：

（1）设备价格。

（2）取得成本（运输、安装、调试、培训）。

（3）取得后成本（备件数量 × 单价 + 耗材用量 × 单价 + 水电能源费 + 维修费用 + 其他）。

尤其是第（3）项，需要在合同中事先约定：备件、耗材用量超出部分由供方负责。

表 4-3 是一家企业对一项国外采购零件所发生的 TCO 进行的统计。

表 4-3　某企业一项国外采购零件所发生的 TCO

项　　目	单价或单位费用（美元）	该项目占总采购成本之比
采购价	37.20	54.31%
运输费	5.97	8.72%
保险费	1.96	2.86%
运输代理	0.03	0.04%
进口关税	2.05	2.99%
流通过程费用	0.41	0.60%
库存利息	0.97	1.42%
仓储费用	0.92	1.34%
退货包装等摊销	0.09	0.13%
不合格品内部处理费用	0.43	0.63%
不合格品退货费用	0.14	0.20%
付款利息损失	0.53	0.77%
开发成本摊销	6.20	9.05%
提供给供应商的专用模具摊销	5.60	8.18%
包装投资摊销	6.00	8.76%
其他费用	0.00	0
总计	68.50	100%

可以看出，价格只是 TCO 中的一部分，企业要的不是价格最低，而是 TCO 最低。当然，这对采购全流程的识别、数据统计、数据分析等都提出了很高的要求。

ⓘ 注意

企业应对重要采购物资建立 TCO 结构模型，并对重要采购物资 TCO 进行统计分析，提出优化建议。

4.2.3　采购政策

公司级成文的采购政策纲要是推行战略采购的保证，采购政策纲要能使公司各部门、上下游形成共同的愿景、目标、价值观，在此基础上形成采购管理原则、采购管理方法、采购风险控制方法。我们以顺丰公司为例，下面的这份采购政策是顺丰采购行为的指导纲要。

1. 顺丰的采购战略

1）顺丰采购的愿景目标

践行阳光采购，创造战略价值。

建立平等、尊重、透明、发展、共赢的合作环境。

致力于提供及时、准确、优质、高性价比的采购供应链服务。

2）顺丰采购的核心价值观

（1）正直与协作。

- 在信任、诚实与正直的基础上构筑与供应商的长期合作。
- 绝不为求得局部或者部门利益，牺牲公司的整体利益。
- 坚持跨部门之间的团队协作，确保采购行为的公平、公正、公开。

（2）理解与沟通。

- 全面、充分地理解内外部客户需求以及供应商能力。
- 阐明顺丰和供应商观点，促进各层次和各部门之间的沟通理解。

（3）提升与优化。

- 持续追求具有竞争力的技术、成本、质量、交付、服务和创新。

- 持续提升采购管理能力。

- 持续提升采购团队职业技能水平。

3）顺丰采购管理的原则

- 授权原则：公司授权采购部门作为对供应商进行商业承诺的唯一组织（商业承诺包括但不限于供应商选择、合同、订单、价格、备货）；其他部门绕过采购部门对供应商进行类似的承诺是无效的，而且是违规行为。

- 诚信原则：与供应商合作及所有的商业活动必须遵循诚信与商业道德标准。

- "公平、公开、公正"原则：采购业务行为的基本原则。采购部门负责为公司获取最佳的总体价值，确保采购行为的公开性，对待供应商的公平性，采购决策的公正性。

4）顺丰采购管理的方法

（1）分品类的战略采购管理。

- 通过品类支出及需求分析、品类市场分析，制定品类采购策略（包括内部需求优化策略以及外部供应渠道优化策略），实现对品类的战略采购。

- 采用支持不同品类特点的多种采购方式。

（2）关注 TCO 的成本管理。

- 避免以价格作为采购决策的核心主导，综合评估 TQR-

DCES，关注供应商综合服务能力。

- 关注 TCO，以性价比最优作为采购决策的依据和目标。

（3）分级分类的供应商管理。

- 对新供应商引进进行严格把关，实现供应以及质量风险的前置。
- 对合格供应商进行分级分类管理，培养优质供应商，淘汰低质供应商，保证供应商库的健康。
- 与供应商建立长期合作关系，深度协同，共创价值。
- 注重对供应商持续优化创新能力、供应商社会责任感、供应商更具竞争力的服务保障。

5）采购的业务风险控制

建立完整的风险管控体系，对采购业务风险进行全面控制，包括：

（1）明确采购业务中明令禁止的行为：

- 贿赂、欺诈、弄虚作假、围标、串标等违反诚信原则的行为。
- 泄露商业机密。
- 违反法律法规的行为。
- 违反商业约定的行为。

对以上行为依法或依据公司业务行为规范进行严肃处理。

（2）公司审计部门对采购关键业务活动进行监督审查，提出优化建议。

（3）采购稽核组定期进行采购组织内部业务合规度审查，提出优化建议。

（4）建立适用于内外部的、顺畅的、公开的投诉渠道（附反馈／举报方法）。

2. 顺丰实践给我们的几点启示

顺丰的采购政策对我们理解战略采购很有帮助。

（1）**战略采购，站高望远，面向未来，以提高供应链竞争能力为核心**。战略采购以提高供应链竞争能力为目的，并支撑公司战略与供应链战略。战略采购使采购的作用与价值不局限于保证供应，而是站在整个公司战略及供应链的高度，整合内外部资源，提升企业在市场上的竞争力。推行战略采购，说明企业高层对采购部门的重要性、价值贡献已高度认可。顺丰在对外公布的采购政策中指出：公司授权采购部门作为对供应商进行商业承诺的唯一组织；其他部门绕过采购部门对供应商进行类似的承诺是无效的，而且是违规行为；采购部门负责为公司获取最佳的总价值，确保采购行为的公开性，对待供应商的公平性，采购决策的公正性；顺丰要求采购部门绝不为局部或者部门利益，牺牲公司的整体利益；坚持跨部门之间的团队协作；全面、充分地理解内外部客户需求以及供应商能力，持续追求具有竞争力的技术、成本、质量、交付、服务和创新。这些规定诠释了顺丰的采购不是交易型采购，而是面向未来，基于竞争优势，发现供方价值与利用供方价值的战略层级。在战略采购阶段，采购部门的角色与定位实际上发生了两个转变：一是从以钱易货的采购者向外部资源管理者转变；二是从供应的执行者向基于竞争优势的主动型采购决策者转变。

（2）**算总账，从追求最低价到追求 TCO 最低**。采购 2.0 阶段被人诟病最多的就是最低价中标：谁家价格低，我就采购谁。无数企业有过这样的经验：买得便宜用着贵。质量差的轴承确实比质量好的轴承便宜很多，企业用低价采购了低质量的轴承，但其使用寿命也比质量好、价格贵的轴承短很多，使用中还造成了设备停机、维修、更换，最终算算总支出，反而要超出质量好、价格高的轴承很多。工程建设项目也经常发生低价中标引发质量问题，最后还要启动二期"技改项目"，更有甚者整个项目要推倒重来。这些血淋淋的教训促使企业内部达成共识：避免以价格最低作为采购依据，而以 TCO 作为采购决策依据。

（3）**对供应商资源统筹规划，与供方深度协同，共创价值**。不同于采购 2.0 下采购方式的单一化（集中采购、招标采购），战略采购从手段回归到目的，从过程合规回归到结果合理，从局部管理回归到总体管理，从当前短期商务关系回归到面向未来的长期合作。

（4）**对品类进行分析、综合统筹，根据品类不同特点采取合适的采购方式**。通过品类支出及需求分析、品类市场分析，制定品类采购策略，整合内部资源，实现对品类的战略采购；不同品类采用不同的采购方式；对新供应商引进进行严格把关，对合格供应商进行分级分类管理，培养优质供应商，淘汰低质供应商，保证合格供应商库的健康度，与供应商建立长期合作关系，深度协同，共创价值。

4.3　品类管理

在采购政策指引中，品类管理是推行战略采购的抓手，通过品类支出分析、需求分析，品类市场分析，制定品类采购策略（包括内部需求优化策略及外部供应渠道优化策略），实现对品类的战略采购，采用支持不同品类特点的多种采购方式。

4.3.1　品类管理的定义与总体分析

如何给采购品类管理下个有意义的定义？我的理解是企业组成跨职能团队，对企业购买的产品或服务进行支出分析、需求分析、供应市场分析，制定并执行有效的采购策略与供应商管理策略，从而提高供应链效率、降低供应链风险，获得质量、成本、交付日期的综合竞争优势。

对企业而言，直接采购（生产物料类采购）与间接采购（生产物料类之外的采购）就是对品类的一种初级区分。依据企业规模与管理目标，品类的颗粒度细化程度会有所不同。为防止各部门只见树木不见森林，先要对品类进行总体分析。一家世界 500 强企业以国产化为目的做的品类示意图，清晰明了地展示了直接采购的品类分布，如图 4-4 所示。

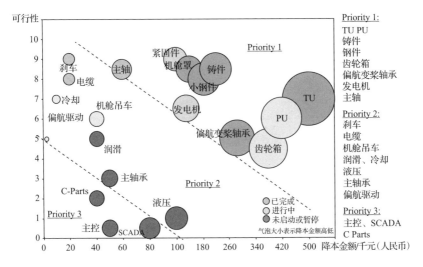

图 4-4 本地化品类优先级分析

在上图中，每个气泡即一个品类，气泡大小代表支出金额大小，按质量可行性与可降本金额（潜力）两个维度对品类进行定位，并按重要度将品类分为三个区域，这样组织可以集中资源，确定品类的优先级。品类的划分，往往考虑以下因素：

- 相似的供应商来源。

- 用同样的途径采购。

- 相似的生产流程。

- 相似的内部用途。

- 相似的原料内容 / 复杂度。

- 相似的规格组合。

- 相似的技术。

4.3.2 如何推行品类管理

第一步，成立跨部门小组，对品类基础数据进行统计分析。跨部门小组由技术、质量、采购、生产、财务等相关人员组成。采购决策如果由采购部门单独制定，后期推行就会处处是坎。品类数据可以从 ERP、采购电子系统或财务报表中获取。填报内容至少包括品类内容（子品类）、供应商定位、金额（年）、占比、标准化程度、需求来源、需求稳定性、周期性、库存策略、市场特征、供应商现状、供应商开发准入、供应商绩效评估、区域性特征、技术性特征、目前采购方法、购买时机、定价组织、谈判要素、管理 KPI 等。为方便读者理解这些项目应该如何填写，这里准备了国内一家知名企业针对金属品类的采购基础数据统计表，见表 4-4。

第二步，供应市场分析，对品类供应市场进行分析，包括主要发展趋势、行业竞争分析、行业壁垒、可替代性四个维度。

企业范例：轴承品类的供应市场分析，见表 4-5。

第三步，对品类现有供应商的绩效表现进行统计，以便为后期供应商优化提供依据。统计包括供应商所涉及的子品类情况、近几年的供应商绩效实绩、供应商分类与供应区域等。轴承供应商绩效表现见表 4-6。

表4-4 某企业金属品类采购基础数据统计表

采购策略

品类	内容	象限	金额(年)/元	占比	标准化	需求来源	需求稳定	周期性	库存策略	市场特征	供应商现状	供应商开发准入	供应商绩效评估	区域性特征	技术性特征	目前采购方法	购买时机	定价组织	谈判要素	管理KPI
金属料	原主材料：铝棒、铝锭、合金	战略	10亿	85%	高	生产	稳定，业务只凭经验预估	是	备2~3天；设定高低储	买方市场；价格随原料波动；价值高；供应商规模大	4家核心供方，认证供货，稳定供货	新做开发；方案核实，评审；供方开发很少	绩效月评；由当期采购料组织；新供应商组织；由质检部组织	按区域供货；供货半径500公里	无	铝材：与长江金属市场行情锁定，按月平均价确定结算价加工费，比价	按库存情况，随行就纳		铝材；加工费，维织比价	计划完成情况，自己建立跟踪表；质量：来料检验合格率；库存周转率；管理部计划
	辅材类：刀具（国内）、过滤材料、耐火材料、清洁剂	标准	合计1000万其中刀具约600万	1%	标准	量产	稳定，业务只凭经验预估		有库存备货	3类核心供应商，其中3家占80%的业务；量多面卡脖	刀具5家供应商，家供应内容重叠，形成竞争	新供方开发；评审；新供方开发很少，有技术内容需要开发新方		可以集中供应，通过三方物流送货		(1)年度定价，发包定价；独家约定；(2)通常确定1年的价格有效期；(3)过程中根据市场变化及供应商要求调整	按月度计划下单			计划完成情况，自己建立跟踪表；质量：检验合格率；库存周期率；管理部计划
		非标			非标（刀具）	新品开发或实验			无库存储备			新要新时需要开发新方				(4)日常新时价格料采用比价方式确定价格	按临时起购			同上

表 4-5　轴承品类供应市场分析

维度	说　明
主要发展趋势	行业内高度集成自动化（含质量检测）大量投入； 低成本项目引入低成本国家供应商； 特定品类的热处理及表面处理要求极高
竞争分析	多头垄断市场； 供应商为全球领先企业，在标准件上有成本优势； 低成本国家标准件供应商质量管理水平有提高
行业壁垒	先期投资巨大； 公司技术要求高； 大部分为公司定制产品（非市场通用）； 引入验证周期长
可替代性	暂无替代可能性

表 4-6　轴承供应商绩效表现

当前前10位供应商	子品类1	子品类2	子品类3	子品类x	供应商绩效		供应商分类	供应区域	备　注
					2016	2017			
供应商 1	√		√		A	A	标准型供应商	全球	
供应商 2	√	√			B	A	开发型供应商	亚洲	计划发展为全球供应商
供应商 3	√		√		A	B	功能型供应商	中国	
供应商 4		√			C	C	标准型供应商	全球	
供应商 5	√	√			A	C	标准型供应商	全球	
...									
供应商 N			√		B	A	标准型供应商	全球	

√：表示有该品类　　　A、B：代表供应商绩效评估等级

第四步，对品类供应商核心能力进行分析，主要涉及 3 个部分，即做这个品类的核心能力、对子品类的适用状况、供应商的能力满足情况。供应商的能力满足情况分完全满足、部分满足与不具备三个状态，见表 4-7。

表 4-7 轴承供应商核心竞争力分析

核心能力	相关性				前 10 位供应商									
	子品类1	子品类2	子品类3	……	供应商A	供应商B	供应商C	供应商D	供应商E	供应商F	供应商G	供应商H	供应商I	供应商J
焊接工艺			x	x	●	●	●	○	●	●	●	●	●	●
特殊热处理		x			◑	◑	◑	●	○	◑	○	○	○	○
表面处理（镀银）		x		x	◑	◑	◑	○	◑	○	○	◑	○	◑
行业应用经验		x		x	●	◑	●	●	◑	●	●	●	●	●
特殊检测（探伤）		x		x	●	◑	●	○	◑	○	●	●	●	●
特殊测量设备		x		x	●	◑	●	○	●	●	◑	●	●	●
自动化装配	x	x	x	x	◑	○	◑	●	○	◑	○	○	○	○
……		x												

x 技术相关　　● 完全满足　　◑ 部分满足　　○ 不具备

第五步，对潜在供应商进行市场调查（见表 4-8），包括有哪些潜在供方、能做哪些品类、地点在哪里、供应区域等。

表 4-8 轴承潜在供应商调查

潜在供应商	子品类1	子品类2	子品类3	……	供应国家	供应区域	备 注
供应商 1	√		√		中国	亚太	
供应商 2	√	√			中国	亚太	只供应低端产品

（续）

潜在供应商	子品类1	子品类2	子品类3	……	供应国家	供应区域	备　注
供应商 3	√		√		中国	全球	价格优势明显
供应商 4		√			中国	全球	主要竞争对手供应商
供应商 5	√	√			中国	全球	中国最大
…							
供应商 N			√		中国	全球	

√：表示有该品类

　　第六步，利用上述数据，制作品类采购报告。确定品类委员会组成成员、采购额分布、品类行业发展趋势、挑战、主要战略发展方向、主要品类管理优化措施、供应商策略与行动计划。下面为一份轴承的品类采购报告，仅供参考。

1. 品类管理委员会

品类经理：李翔。

团队成员：王飞、赵云、董亮、高明。

2. 采购额

2017 年度采购额：2300 万美元。

品类采购额分布：子品类 1 采购额 1140 万美元；子品类 2 采购额 1020 万美元；其他子品类采购额 140 万美元。

品类采购额分布：按子公司分，子公司 1 为 41%；子公司 2 为 10%；子公司 3 为 10%；子公司 4 为 37%；子公司 5 为 2%。

品类采购额分布：按供应商分，一共 9 家供应商，前 3 家供应商占总采购额的 80%；前 5 家供应商占总采购额的 95%。

2017 年度总成本节省：63.5 万美元。

3. 品类所在行业主要发展趋势

生产线高度集成自动化；新焊接技术的应用；低成本国家供应商的引入。

4. 主要挑战

公司对产品技术要求极高，为定制产品；若更换，需做全寿命试验；失效成本极高。

5. 主要战略发展方向

（1）与研发合作降低入门级产品所需零部件复杂度，并进行标准化、通用化的改进。

（2）巩固、增强在买卖关系中的地位：

- 引入新供方，加强竞争。
- 供应风险的管控。
- 提高供应商的可靠性。

（3）子品类 1 及子品类 2 的××部件，新焊接技术的应用将大幅降低成本。

6. 主要品类管理优化措施

（1）对于子品类 1 的产品，淘汰落后焊接技术。

（2）将××供应商导入为子品类 2 的低成本供应商。

（3）将××供应商发展为甲产品平台（要求最高）的供应商。

（4）对单一货源的产品进行目视化管理。

（5）与供应商开展联合研发及降本的研讨会。

（6）将××供应商发展为精冲品类的供应商。

7. 供应商策略

（1）加快供应商 A 爬坡计划。

（2）淘汰供应商 B。

（3）降低供应商 D 在低成本项目中的份额，增加其在专业及产品中的份额。

（4）降低供应商 E 在低成本项目中的份额，将供应商 B 的份额转移给供应商 E。

8. 行动计划

行动计划包括主要任务、成功的标准、可能的风险、策略、关键行动步骤、什么时间开始、什么时间结束、负责人及需要谁来支持等，见表 4-9。

表 4-9　品类行动计划

主要任务	成功的标准	可能的风险	策略	关键行动步骤	开始/完成时间	负责人	需要的支持（人财物）

4.3.3　间接采购品类战略

在采购 2.0 阶段，间接采购是按单采购，三家比价，哪怕一支笔也要走全套流程。采购效率低，内部客户满意度低。如何让间接采购提高采购效率、创造价值？答案是基于品类分析，做多种采购策略，简化采购流程，提高交付效率的同时，降低库存。

第一步，做间接采购的品类统计，即企业的间接采购包括哪些。图 4-5 所示是我们咨询客户的间接采购品类统计。

备品备件	非标备品备件、物流备品备件、电气电工材料、照明暖通、传动、其他通用备件
生产辅料	喷粉、化工材料、焊接材料、塑料及橡胶制品
设备维修	生产设备维修、后勤设备维修、办公家具维修、办公设备维修
后勤物资	食堂物资、宿舍物资、安保物资、车辆物资、医务及文娱物资
办公用品	办公文具、办公耗材、体育用品、印刷品、定制品
劳保用品	防护用品、卫生用品、防暑用品、清洁用具
商用礼品	标准礼品、定制礼品
零星物资	项目类物资、活动类物资、其他需求

图 4-5　间接采购品类统计

第二步，制定品类管理的总体策略。按成本支出与对客户的价值高低两个维度对品类进行策略区分。举个例子，备品备件、后勤物资品类支出成本高，对客户价值高，那么总体策略是对标行业标准，既不提高标准，也不降低标准。而某些品类支出成本低，对客户的价值大，则要提升品质，如劳保用品、商用礼品。劳保用品内部用户天天使用，若质量差，内部客户会经常抱怨。具体如图 4-6 所示。

第三步，细分大品类下的子品类采购策略。定子品类时，要头脑风暴，同时借鉴行业先进做法。可以用以下结构来推导出采购模式与策略：**物资品类、物资特点、供应商类型、采购模式与策略**。以下是一家知名化工企业的子品类采购实例：

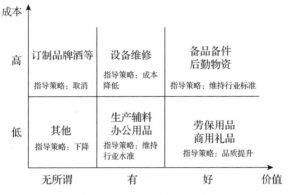

图 4-6　品牌管理总体策略

1. 干气密封件品类采购策略

（1）**物资品类**：干气密封。

（2）**物资特点**：高价值、储存条件要求高。

（3）**供应商类型**：国内外高端供应商。

（4）采购模式与策略：

- 预付 40% 货款，获得货权。

- 供应商代为保管。

- 需要时快速寄出再支付剩余货款。

2. 大型机组转子品类采购策略

（1）**物资品类**：大型机组转子。

（2）**物资特点**：高价值、低损坏概率、关键设备备件。

（3）**供应商类型**：国内大型设备供应商、独家。

（4）采购模式与策略：

- 与其他企业组建备件储备联盟，共同分担备件采购费用。
- 备件库设在供应商仓库。
- 备件更换后再补签商务合同。
- 费用节省90%。

3. 轴承品类采购策略

（1）**物资品类**：轴承。

（2）**物资特点**：标准消耗品。

（3）**供应商类型**：世界知名品牌授权经销商。

（4）采购模式与策略：

- 寄售库在买家的仓库。
- 卖家所有。
- 买家有库存的优先使用权。
- 用后付款。
- 每月完成上月寄售库存盘点。
- 不定期更新寄售库存清单。

针对办公用品、劳保物资、数码产品等低值易耗品，则采用打造内部电商采购商城的方式，实现需求部门自主提报，采购部门集中管控。

通过品类管理，非生产类物资采购策略先行，简化采购作业，可以大幅提升采购效率、降低采购成本、赢得内外部客户的认可。

4.4　供应商资源规划与管理

4.4.1　企业为什么总是管不好供应商

供应商管理对企业越来越重要，采购 2.0 阶段，企业内部多龙治水、各自为政，因为各个部门只关心自己部门的 KPI：

采购部只要成本低；

质量部永远都说"不行"；

研发部就要大品牌，不管可得性；

财务部总想拖货款……

由于缺乏统一而有效的供应商管理策略，供应商群体野蛮生长。在采购 3.0 战略采购阶段，对供应商进行管理，各部门必须就以下 3 个关键问题达成共识：

（1）我们到底要与供应商结成什么关系？

（2）选择供应商时，到底是质量重要还是成本重要？

（3）我们现在的供应商数量，到底是多了还是少了？

为了解决上述问题，我们先从一个真实案例开始，是关于作坊供应商的。

4.4.2　作坊式供应商能不能用

在企业里，供应商群体通常良莠不齐，存在一些作坊式供应商，但企业的供方准入与评审制度还很严格，这类供应商往往通不过审核，那么问题来了，作坊式供应商到底能不能用？

如果能用，但又通不过企业严格的准入要求与年度评审怎么办？

笔者当年在日企刚接手供应商管理时，就曾遇到了这个两难问题。当时要举办一期供应商大会，评选出一些优秀供应商上台表彰。优秀供应商要有一个评选标准，日企非常看重供应商的 QCDS（质量、成本、交期、服务）4 个指标。笔者就按这 4 个指标列出了年度优秀供方评选标准。

（1）质量：100% 来料合格，制程 100% 合格（定量）。

（2）交期：100% 交货准时（定量）。

（3）成本：同行业最低（定性）。

（4）服务：配合良好，协作及时（定性）。

按这个标准筛选的结果，只有一家供方符合要求。让人大跌眼镜的是，这家供应商居然是一家作坊式供应商，这家供方没有通过 ISO9001 质量管理体系认证，更别说什么 5S，就是一个典型的夫妻店，整个工厂不到 20 个人，设备陈旧，现场各种脏、乱、差。

我们的问题来了：

（1）你敢相信这家供方能有这么好的表现吗？

（2）作为一家世界 500 强日企，你敢让这样的供方上台领奖吗？

（3）这家供方年审核不合格，还能继续用吗？

你的答案：

笔者最后的决定是：这家作坊式供应商继续使用，但没让它上台领优秀供方奖。

继续使用的原因很简单，因为这个供方完全满足了企业的需求。

企业的供应商选择，回归本质，其实很简单：企业需求量化产生标准，用标准与供方现状做比对，确认是否合适，即（需求 - 标准）- 供方现状 =OK/NG/ 整改。

这家供方生产的产品是橡胶脚垫。在质量上，橡胶脚垫只要能塞到机器护脚里就合格，所以来料质量 100% 合格；在交期上，供方提前生产好，一周送一次货，交期 100% 准时；在成本上，供方厂房自家改造，无房租、无管理费、一人多用，成本比同行低很多；在服务上，这类供方天然有服务优势。你的需求就是质量好、交期准、成本低、服务好，这些供方都能满足。如果你非要换个"高端"的供方，不仅质量与这家作坊式公司相比没有提升，还可能交期无法保证，成本高，服务不好。所以不用纠结，这个作坊式供方能用。

但供应商年度审核不合格怎么办？笔者的回答是：对供应商要进行分类，区分管理。

4.4.3　如何给供应商分类

可以从两个维度来给供应商分类，一个是风险维度，一个是支出金额维度。从风险维度进行分类，可以解决平衡质量与成本的问题；从支出金额维度进行分类，可以解决采购降本与库存管理的策略问题。

(!) **注意**

如果你的企业对所有供方都用一套标准来管理，由于不同供方行业是有很大差异性的，因此会出现不适用的情况。试想用一套标准来做准入审核时，电子类供方能过，但水泥类供方就很难通过。所以最好依据物资特点进行分类，区分管理。

1. 风险维度：平衡质量与成本

从风险维度分类，可以根据采购物资对企业影响的程度（严重度 × 发生概率）为这个物料从 1～10 赋值，1 为风险最低，10 为风险最高。其中 1～3 属低风险物资，定义为 C 类，要成本导向；3～6 属中风险物资，定义为 B 类，B 类既要成本导向也要质量导向；6～10 属高风险物资，定义为 A 类，要质量导向。见表 4-10。

表 4-10　风险维度 ABC 分类

$1 \leqslant X < 3$	低风险	C 类	成本导向
$3 \leqslant X \leqslant 6$	中风险	B 类	成本导向 + 质量导向
$6 < X \leqslant 10$	高风险	A 类	质量导向

依据这种分类方法，橡胶脚垫属哪类物资？

你的答案：

橡胶脚垫应属 C 类物资，C 类物资低风险，要成本导向。我

们通常把这类供方当作低成本的生产车间，获取成本优势，只要他们能生产出合格产品，并不用对其管理能力或质量体系提过多要求，所以对 C 类物资可以使用作坊式供应商。

A 类物资高风险，则应该是质量导向，走严格的准入审核流程，不可以使用作坊式供方。有些企业要做低成本化，但也建议对 A 类物资一定要谨慎替代、严格验证，因为 A 类物资一旦出现质量问题，就是大问题，很有可能把成本节约带来的成果化为乌有。

B 类物资风险在 A 类与 C 类之间，走质量与成本均衡导向，要求没有 A 类那么高，但比 C 类要严格。

这里向大家推荐一个基于 ABC 分类的质量评估表。这套表格对供方做 8 个方面的质量评估：质量管理体系、管理职责、设计与开发、生产和服务提供、仪器校验、产品防护、测量与分析、不合格品控制与改进，如图 4-7 所示。

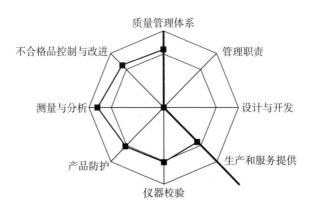

图 4-7　供应商质量评估示意图

　　这套表格的一个优点在于用一张表格可以审核 A、B、C 三类供方。我们以**生产和服务提供**为例，A 类要求所有项目都要审核；C 类只要求审核与产品有关的项目；B 类位于两者之间。这套表格的第二个优点是其问题设计采用 Yes or No 型，回答 Yes，给 1 分，附上记录；回答 No，给 0 分。这样的问题设计客观量化，操作简单，可以发给供应商让其做自我评估，见表 4-11。

　　由于完整的评估表格占用的篇幅非常大，请自行扫码下载。若二维码失效，请登录华章官网（www.hzbook.com），到本书页面下载。

ⓘ **注意**

　　在评估表格设计中，最差的一种是直接打分型，前面是项目，后面是分数，如优秀 5 分，良好 4 分，普通 3 分，差 2 分，极差 0～1 分。缺点是主观给分，同一公司两位审核员，由于背景、感觉、情绪等诸多原因会给同一供方打不同分数，偏差很大，不建议使用。

表4-11　供应商ABC分类审核表

4. 生产和服务提供	该项得分百分比：[64%]　该项得分：[7]　该项总分 [11]	评鉴类别			得　分		
		A类	B类	C类	Yes=1	No=0	N/A=X
4.1	是否有SPC训练计划文件，每个员工记录是否保存	√					
4.2	CP/CPK值没有达到期望值时是否采取适当的措施	√					
4.3	当制程失控和制造出不合格品，是否有一个停线标准或停止出货标准	√					
4.4	装配产品时是否有标识来保证流程中没有步骤被遗漏	√					
4.5	是否对顾客财产进行管理	√					
4.6	是否有工序管理办法，且能贯彻实施	√					
4.7	是否有作业指导书规定生产方式和每个过程/站别的设立	√	√				
4.8	作业指导书是否明确规定所使用的机器、装备、工具、冶具、材料及程序	√	√				
4.9	对管制图上超出管制界限的点是否有原因分析和改善对策	√	√				
4.10	当有特殊追溯性要求时，单个产品或批量产品是否有唯一标识	√	√				
4.11	是否依规定执行工程变更	√	√				
4.12	处理ESD材料时，操作者有否戴静电手环，有否对静电手环做检查并做记录	√	√				
4.13	包装、装货的流程是否令人满意	√	√				
4.14	是否有生产的产品标识和追溯的管理办法	√	√				

编号	检查内容				结果
4.15	生产环境是否符合生产要求	√	√	√	No
4.16	有无进料检验管控系统，查检验记录	√	√	√	Yes=1
4.17	作业指导书对作业者来说是否清楚易懂，并遵循作业指导书作业	√	√	√	No
4.18	作业指导书等质量文件是否有版本控制，且在发布前有权责人员确认	√	√	√	Yes=1
4.19	是否对关键工序和特殊工序进行控制	√	√	√	Yes=1
4.20	测试条件、程序和仪器是否足够充分	√	√	√	Yes=1
4.21	有无品质反馈系统，并贯彻执行	√	√	√	Yes=1
4.22	是否建立制程检验/测试管理（作业标准	√	√	√	Yes=1
4.23	所有库存和生产中的材料能否适当地识别和控制	√	√	√	Yes=1
4.24	对合格品、不合格品或测试状况，是否有标识（如标签、检验数据、测试软件、放置场所等）	√	√	√	No
4.25	所有等待/通过/未通过测试的产品有否采取适当方式分开以避免混乱	√	√	√	No
4.29	是否有生管对工单进行控制	√	√		
4.30	重要的品质资讯是否贯彻到基层的员工	√	√		
4.31	对特殊工序的人员是否定期进行培训	√	√		
4.32	是否通过风险评估来评价生产过程中可能产生的故障和时效及其对市场品质的影响	√			
4.33	是否有一个明确的计划，以不断对制程自动化进行改进	√			

2. 支出金额维度：明确降本与库存管理策略

第二个分类维度是上一年度物料支出金额。这个维度采购人员与财务人员都很关心。这种分类能解决采购降本与库存管理策略的问题。我们仍然按物料支出金额分成 A、B、C 三类，表 4-12 为物料花费及库存管理策略对照表。

表 4-12　物料花费及库存管理策略对照表

类别	所占数量	所占金额	管理策略
A 类	10%	70%	降本重点，库存为 JIT
B 类	20%	20%	可以降本，安全库存
C 类	70%	10%	整合打包，使用综合服务商

4.4.4　区分供应商管理策略

对风险与支出金额两个维度进行组合，我们就产生了下面这个模型，如图 4-8 所示。

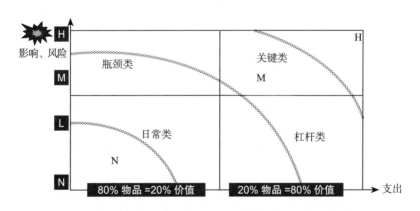

图 4-8　供应商管理策略

该图由虚线划分了 4 个部分，分别代表供应商对企业的不同重要程度：N 区代表不重要、L 区代表低重要，M 区代表中重要，H 区代表高重要。

实线部分也划分了 4 个部分：关键类、瓶颈类、日常类与杠杆类。这 4 个不同类别要求我们做不同的策略，从而对供应商进行有效管理。

1.关键类的采购物资

这类物资企业支出占比大，风险高。提供关键类采购物资的供应商我们称之为战略供应商。企业至少能通过采购额成为战略供应商的前 7 大客户，最理想的是能占到供应商销售额的 30% 以上，供需双方互相依赖，通过签订长期的战略合作伙伴协议，结成长期的战略合作伙伴关系，塑造一种利益共享、风险共担的机制。对于战略供应商，关注焦点为价值创造，即如何利用供应商的专业能力把双方的蛋糕做大，可以让供应商参与我们的新品开发。如华为与徕卡，他们联合设计了 P9 手机。

华为、徕卡联合设计、强强联手战略合作

图 4-9 所示是我曾经在机场巨大的广告牌上拍摄的。上面写着"HUAWEI P9，华为 | 徕卡联合设计"。

华为是中国民营高科技企业的杰出代表，在手机销量上正发力赶超苹果、三星；德国徕卡，120 年来以完美的镜头精密度与独特的摄影技术闻名世界。两家企业强强联手，共同设计，将徕卡的 SUMMARIT 系列镜头做到华为 P9 手机上，帮助华为 P9 成为手机中的"徕卡相机"。华为与徕卡的这次战略合作，对产品的市场竞争力提升是不言而喻的，对双方品牌形象也带来巨大的正面影响，当然经济上的收益也非常可观。

图 4-9　华为机场广告

华为表示，与徕卡是一种长期的合作关系。徕卡 CEO Oliver Kaltner 则表示，徕卡在智能手机领域的合作是排他的，"与华为的合作不需要担心供应链的问题，华为有足够的产能满足生产需求"。两家公司还谋划在研发、设计、工程、用户体验、营销、零售等领域建立更紧密的联系。他们合作打造的手机也摆在徕卡意大利全国专卖店进行销售。

点评：华为、徕卡强强联手，实现战略合作。其战略采购，是对供应商先进技术的价值发现与利用，再通过价值传播，实现两家企业品牌价值与产品价值双双提升。

2. 瓶颈类采购物资

瓶颈类采购物资是供应商管理的一个重点，也是难点。对于瓶颈类采购物资，通常我们更依赖供应商，而供应商对我们的依赖度较小。对瓶颈类供应商的管理方向是保持供应、寻找替代。如果是外部原因形成的瓶颈类供方，如政策垄断或技术垄断，这类供方实质上是你的客户，你要像客户一样建立良好的客情关系，比如企业的高层要经常拜访供应商，以获得瓶颈类供应商的支持。如果是我们内部原因造成的瓶颈供方，如经常变更设计、提出不合理的要求，使供应商不愿意和你合作，则需要从企业内部改善。

3. 日常类采购物资

日常类采购物资指的是花的钱少、风险也低的采购物资，这类物资供需双方依赖度都很低。日常类采购物资的管理方法是整合。对需求计划进行整合，包括在时间上整合与在空间上整合。时间上整合指的是按年度、季度或月度对需求进行整合；空间上的整合指的是对各个部门、各分（子）公司的量进行整合。在供应商端，则尽可能使用综合服务类供应商。这类供应商数量不宜太多，只要能形成适当的良性竞争即可，以免增加采购管理成本。

4. 杠杆类采购物资

杠杆类采购物资指的是花的钱多，但风险低的采购物资。各家供方供应的产品，质量上没有太大区别。这类物资供应商依赖于我们，但我们对供应商的依赖度较小。这类供应商数量可以适当地开放，引发供方之间的充分竞争。杠杆类采购物资是我们降本的重点。可以使用招标、竞价等多种方式来保障公司利益最大化。

采购物资分类管理策略总结见表 4-13。

表 4-13　采购物资分类管理策略总结

分类	关键类采购物资	瓶颈类采购物资	日常类采购物资	杠杆类采购物资
目的	建立长期的合作关系	保证供应、维持生产的连续性	减少供应商、提高工作效率	获取最低价格
途径	伙伴关系	确保供应	整合、外包	集中竞价
做法	谨慎选择供应商 战略框架协议 供应商参与研发 共享数据、信息 供方关系维护	保持良好的关系 保证供应 适当备有库存 准备应急方案 寻找替代	需求整合 产品标准化 集中采购 简化流程	充分寻源 集中采购 招标竞价 供应商管理

ⓘ 注意

不是所有采购物资都要进行招标采购，关键类和瓶颈类物资不适合招标。关键类物资一旦招标，就会破坏与供方之间的长期合作关系，瓶颈类供应商对你的招标根本不感兴趣，不会来投标，所以招标采购只适合于杠杆类物资和经过整合的日常类物资。

在供应商数量策略上，每个类别的采购物资，尽可能建立一家主供、一家辅供、一家备用的供应商模式，既能保证供方之间的良性竞争，又能保证相对的稳定性。

4.4.5　对供应商持续优化

建议团队每年做一次讨论，通过问以下 7 个问题，对供应商持续优化。

（1）未来 3 年，我们企业需要匹配什么样的供应商资源？

（2）哪类供应商数量太少，需要新寻源？

（3）哪类供应商数量过多，需要减少？

（4）对独家供应商、代理商哪些可以改变？

（5）对哪些供应商要进行优化？

（6）对哪些供应商要改变管理策略？

（7）今天，我们要开始哪些行动？

你的答案：

4.5　采购降本 30% 之品类标通化

4.5.1　如何将零部件成本降低 30%

如果有一家企业，要求把零部件成本整体同比降低 30%，你会怎么想？

一定有人说，这家企业疯了，年复一年地逼迫供应商降价，已到了极限，还要让零部件成本再下降 30%，这根本不可能。你别说，还真的有企业实现了，而且没有降低质量。当然，这家企业很出名、很大，叫丰田。但这种方法，即使你是一家中小型企业，也可以使用。这种方法，不是逼迫供应商降价，而是向自己的不合理成本与浪费开刀，尤其是向 SKU（Stock Keeping Unit，库存量单位）要利润。

我们来看看丰田是如何做到质量不变，零部件成本下降

30% 的。

大家知道丰田是以消除浪费、增加价值、持续改善的 TPS 丰田生产模式闻名。丰田对成本的控制，使丰田经常成为年度整车厂利润最高的企业。即使一直做精益，丰田公司仍然推出一个 CCC21 计划（21 世纪成本竞争力计划），要求丰田在设计、生产、采购和固定费用 4 个方面大规模压缩成本，目标是所有新车型关键部件的成本都要降低 30%。当时这个计划遭到很多部门的反对，大家认为公司多年持续进行合理化改善与 QC 小组活动，已改得很好了，很难再实现这么大幅度的成本降低。而当时的掌门人渡边捷昭奉行"从干毛巾中拧出水来"的成本理念，要求各个部门通力协作，以更高的视角与创新思维来达成降低成本 30% 的目标。那么，丰田是如何实现的呢？

以车把手为例，如果将它的采购成本降低 30%，你的方法是：

你的答案：

有没有尺寸小一点、厚度薄一点、材料差一点的类似产品呢？

这种方案不叫降本，叫降质量。

大家记住：采购成本降低，是不能牺牲质量和库存的。

4.5.2　丰田的做法

丰田公司的做法和上述答案截然不同，它通过问以下问题，实现了采购成本下降 30%。

（1）我们公司有多少种车把手？

回答：35 种。

（2）从客户感知到的价值，我们有多少种就能满足客户的需要？

回答：3 种。

（3）哪 3 种？

回答：高档车专用车把手、中档车专用车把手、低档车专用车把手。

（4）如果从 35 种改成 3 种，有哪些成本节约？

回答：35 种车把手意味着 35 套设计、35 套模具、35 个从 APQP（产品质量先期策划）到 PPAP（生产件批准程序）的验证过程，意味着 35 套检验规范、仓库要留 35 个货位、ERP 里有 35 个料号、35 种断货缺料的可能、35 种产品生命周期结束后的呆滞物料、35 种装配错误的可能、要留 35 种售后备件库存……

当缩减为 3 种时，意味着单个供应商的生产量放大 10 倍多，由于规模效应，供应商的固定成本被摊薄；同时品类减少，操作工人换线时间变少，学习曲线发挥作用，单位产出时间缩短，产出效率提升；另外供应商品类少，越做越熟练，产品质量也跟着提高。对顾客而言，对车把手的感知，35 种与 3 种并没有太大区别。

（5）那么我们组成一个标准化、通用化小组，对车把手进行标准化、通用化活动吧。

（标准化指对品类减少，部件一致；通用化指的是部件可以不一致，但接口设计一致，可互换。标准化与通用化简称标通化。）

回答：好的！

（6）除了车把手，我们还有什么零部件可以进行标通化设计呢？

回答：还有空调排气管。

（7）我们目前有多少种空调排气管？

回答：27 种。

（8）能标通化为多少种？

回答：4 种。

最后，丰田与供应商共同努力，将丰田车空调排气管种类由以前的 27 种降至 4 种，使相关成本降低了 28%。但丰田还不满足，它希望进一步减少到 3 种。

通过上述类似活动，丰田成功地把关键零部件成本降低了 30%，总共为丰田节约成本约 100 亿美元。丰田在众多竞争对手市场份额下降，面临巨额亏损的恶劣市场环境下，保持了快速增长，市场份额稳步攀升，而且创造了巨大的利润，其中重要的举措就是坚持产品的多样化和零部件的标准化相结合。我们称之为：看得见的地方尽量不一样，看不见的地方统统都一样。

4.5.3　蓝山屯河对 MRO 类标通化降本实例

除了对 BOM 里零部件进行标通化降本，还可以扩展到办公用品、IT 产品、劳保用品、工具配件等。我们辅导过的一家客户对 MRO 类采购进行了标通化，他们在 2014 年的采购中心工作报告中写道：

2014 年一季度对公司各中心、部门的备品备件、办公用品等 MRO 物资进行分类与标准化，其中备品备件由 8800 多种缩减到 1050 种，削减了 88.5%；办公用品由 400 多种优化到 30 种，削减了 92%；初试开展了工装、办公用品、电脑耗材及桶装水的招标，成本同比下降 20%～50%，工装节约资金约 50 万元，硒鼓节约 17 600 元，等等，成效明显。

4.5.4 企业推行标通化的步骤

企业内部不同的研发人员往往有不同的设计偏好，会做很多尝试，于是在 BOM 里，就会多出很多不同的代码，但企业真正经常使用的占比不会太多。就像一个女孩会买很多款式的衣服，但最终穿着好看、经常穿的，也就那么三五种款式。企业需要定期做零部件的标准化、通用化工作，使 BOM 定期清理，同时通过标通化，使量得以集中，品类得以精简，最后使供应商成本下降，供应链复杂度也得以降低。

企业实施标准化、通用化活动的步骤为：

（1）团队头脑风暴，列出公司品类特别多、特别杂的物料种类。

（2）从客户价值的视角选出所有可能实施标准化、通用化的品类。

（3）挑出贡献度大的品类作为优先品类。

（4）列出标通化计划、成功标准、行动步骤。

（5）由设计、采购、生产、供方有关人员组成的团队实施。

（6）成果回顾与激励。

（!）**小贴士**

不仅企业可以实施标通化，个人也可以。笔者由于长期出差，对自己使用的物品也做品类标通化：以前出差袜子经常丢一只，剩一只也不能穿了。于是对袜子进行品类标通化，优化后只选一个品牌的同一款式、同一颜色，即使丢一只，剩下的仍然能配对使用，采购成本与管理成本都大幅下降。

在企业实施标通化过程中，经常会发现技术问题往往并不是实施标通化的难点，如何让技术人员有积极性参与这项工作才是难点。这个问题的 3 步解决方法是：

（1）把所有的品类都摆在桌面、挂满墙上，让大家看到品类有多么多、多么杂、多么不合理，从而解决为什么要改的问题。

（2）建立标通化的激励体系。如通过标通化设计节约下来的金额，按一定比例（如10%）奖励给标通化小组成员，以解决技术人员参与标通化的动力问题。

（3）标通化后，要列入品类目录以固化。将标通化好的零部件（如案例的 3 种车把手）列入产品目录或信息化系统，当有新产品时，这些零部件不需要设计，只要挑选就可以了。如果你要新增加品类，需要公司品类管理委员会按流程严格审批，且每选一个新品类，就需要打掉一个老品类。

随着企业的发展壮大，品类会越来越复杂，所以一定要定期瘦身。对品类定期优化，实施标准化、通用化，是价值回报最高、实施难度最小的工作。从今天起就开始实施标通化吧，特别提醒，有了成果千万别忘记了激励！

4.6 采购降本 10% 之 VE/VA

除了标通化，还有一种能降低 10%～30% 成本，但不用压迫供应商降价的方法。我们先看这样一个案例。

4.6.1 如何能将酒店牙具成本降低 10%～30%

大家住过酒店，都用过酒店里的一次性牙具。以酒店牙具为例，如何能把牙具的成本下降 10%～30%？

首先，把酒店用牙具进行 BOM 物料清单分解，如图 4-10 所示。

图 4-10　酒店用牙具

图 4-11 所示为酒店用牙具 BOM 物料清单分解图。

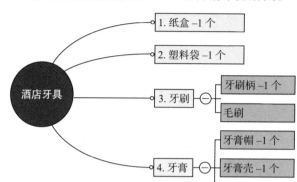

图 4-11　酒店用牙具 BOM 物料清单分解图

其次，对分解的物料依次思考如何降低其成本。

以降低成本 30% 为目标，请大家对分解的物料依次思考并写下你的降本方法。

- 纸盒：＿＿＿＿＿＿＿＿＿＿＿＿＿＿＿＿＿＿＿＿＿＿＿＿＿
- 塑料袋：＿＿＿＿＿＿＿＿＿＿＿＿＿＿＿＿＿＿＿＿＿＿＿＿
- 牙刷柄：＿＿＿＿＿＿＿＿＿＿＿＿＿＿＿＿＿＿＿＿＿＿＿＿
- 毛刷：＿＿＿＿＿＿＿＿＿＿＿＿＿＿＿＿＿＿＿＿＿＿＿＿＿
- 牙膏帽：＿＿＿＿＿＿＿＿＿＿＿＿＿＿＿＿＿＿＿＿＿＿＿＿
- 牙膏壳：＿＿＿＿＿＿＿＿＿＿＿＿＿＿＿＿＿＿＿＿＿＿＿＿
- 膏体：＿＿＿＿＿＿＿＿＿＿＿＿＿＿＿＿＿＿＿＿＿＿＿＿＿

你的答案：

＿＿＿＿＿＿＿＿＿＿＿＿＿＿＿＿＿＿＿＿＿＿＿＿＿＿＿＿＿＿＿＿

＿＿＿＿＿＿＿＿＿＿＿＿＿＿＿＿＿＿＿＿＿＿＿＿＿＿＿＿＿＿＿＿

下面是我们在课堂上，收集到的学员除了集采、招标、标准化、与供应商谈判等之外的经常性答案。

- 纸盒：把纸盒去掉。
- 塑料袋：塑料袋缩小，只包住牙刷的头部即可。
- 牙刷柄：变细、变短、用更便宜的材质（材质变差）。
- 毛刷：变稀、变少、变短。
- 膏体：从 6g 变成 3g。
- 牙膏帽：变小。
- 牙膏壳：变小。

当统计这些降本方案时，你会发现这样一个有趣的现象：当我们要求对产品做技术降本时，很多都不是在降成本，而是在降我们的质量标准（偷工减料）。按这种方式企业即使完成"降本"任务，客户也必然流失，这是一种非常危险的"降本"方式。

企业要降本，必须做到两个平衡：质量与成本的平衡，以及企业降本与客户满意度的平衡。有一个非常好用的工具，既可以帮助企业健康降本，又可以增强客户满意度。这个工具就是 VE/VA：价值工程与价值分析。

4.6.2 VE/VA：价值工程与价值分析

VE/VA（价值工程与价值分析）与工业工程 IE、质量控制 QC 被日本企业并称为企业管理的三大支柱，对日本企业实现高质量、低成本的竞争优势有重要作用。

其实 VE 与 VA 是不同的概念：VE (Value Engineering, 价值工程) 针对新产品，主导者为研发部门；VA (Value Analysis, 价值分析) 是针对现有产品进行改善，主导者为采购部门。现在二者有混同趋势。它是以最低的产品寿命周期费用，可靠地实现必要的功能，着重于产品或作业功能分析的有组织的活动，目的是实现产品的最优性价比。VE/VA 用公式表述为：

$$价值 = 功能 / 成本$$

- 价值：指投入与产出、效用与费用的比值。
- 功能：指产品所具有的特定用途和使用价值。(顾客维度)
- 成本：该产品从调研、设计、制造、使用直至报废为止的产品生命周期所花的全部费用，即总成本。(企业维度)

4.6.3　VE/VA 的应用：工具模型

根据 VE/VA 的基本公式，提高价值的途径有：

- 功能不变，成本降低。
- 功能提高，成本不变。
- 功能大幅度提高，成本略有提高。
- 功能略有下降，但成本大幅度下降。
- 功能提高，成本降低。

具体应用上，可以从客户的维度，将该功能对客户的重要度分为 1~10 十个等级，其中 1~3 为低重要度，4~6 为中等重

要度，7～10 为高重要度。可以从成本支出维度将成本支出分为
1～10 十个等级，其中 1～5 为低成本区，6～10 为高成本区。

于是产生了 VE/VA 性价比模型，见表 4-14。

表 4-14　VE/VA 性价比模型

高成本	去除	降低	维持
低成本	降低	维持	提升
	低重要度	中重要度	高重要度

应用 VE/VA 性价比模型，我们再对酒店牙具进行如表 4-15
所示的降本活动，就很简单清晰了。

表 4-15　酒店牙刷 VE/VA 性价比模型

牙具的 成本要素	重要度 （高中低）	成本 （高低）	决　　　定
纸盒	低	高	去除
塑料袋	中	低	维持
牙刷柄	中	高	下降（做成中空）
毛刷	高	高	维持（与业界持平）
膏体	中	高	下降（量减少够刷两次即可，所以容量变为 2g）
牙膏帽	低	高	减少，创新打开方式
牙膏壳	低	高	减小尺寸

在这个过程中，我们还对产品问了以下 7 个问题以产生更多
创新方案。

（1）这是什么？

（2）这是干什么用的？

（3）它的成本是多少？

（4）它的价值是多少？

（5）有其他方法能实现这个功能吗？

（6）新方案成本是多少？功能如何？

（7）新方案能满足要求吗？

通过这种方法，你会发现成本降低 10%～30% 并不是件特别难的事。因为我们的采购成本，80% 是由设计决定的。其实生活中也有很多类似的案例，下面这个情人节的段子，背后的原理就是 VE/VA。

案例： 一个小伙子用 2000 元中的 1500 元给女孩买了部手机，留 500 元吃饭，骑着电瓶车去找女孩，女孩说：你是一个好人，可是我们真的不合适。

改善方案： 一个小伙子用 700 元租了一辆 BMW5，然后去批发市场花 300 元买了 99 朵玫瑰，告诉女孩他喜欢手牵手去那些浪漫的小吃店，消费 100 元。当即女孩就跟他交往了，而且是因为爱情……你们的产品设计，是不是类似第一个小伙子呢？

4.6.4　揭秘日本企业如何实施 VE/VA

VE/VA 对企业提升客户满意度、降低成本、实现企业竞争优势帮助很大，但目前在全球范围内应用最好的是日本企业，日本企业应用 VE/VA，成功地打造了质量高、成本低的产品竞争优势。我们看看日本企业实施 VE/VA 有什么诀窍。

（1）日本企业在做 VE/VA 时，经常使用 Tear Down 法，即从市场买回竞争对手的产品进行拆解。通过对竞争对手产品的拆解与对比，分析竞争对手产品设计中的长处和特色，发现差距，并帮助其衍生新的创意，找到改善点。

图4-12所示为一家日本企业将本公司产品与竞争对手产品Tear Down拆解对比。

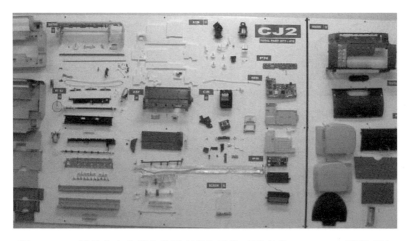

图4-12　一家日本企业将本公司产品与竞争对手产品Tear Down拆解对比

（2）邀请有技术专长的供应商的专家一起参与VE/VA，充分发挥供应商的专业优势；鼓励供应商对自己的产品、流程提出合理化改善建议。如果有可能，还会邀请客户代表参与。

（3）营销、设计、物流、采购、生产各部门通力合作，集思广益，以QC小组为形式开展VE/VA。

4.6.5　VE/VA在工程建设、MRO类采购上的应用

除了BOM类采购，VE/VA在工程建设、MRO类采购上同

样适用。我们以经济连锁型酒店的工程装修为例，看看其是如何应用 VE/VA 实现客户满意、企业降本的。

（1）工程建设项目团队首先把采购的全部项目列出。

（2）依次分析这个项目对客户的重要度（分高、中、低三档）。

（3）分析这个项目的成本支出（高、低两档）。

（4）依据表 4-16 做个决定，该项目是应提升、维持、下降还是去除。

表 4-16　酒店装修的 VE/VA

经济型酒店的成本要素	重要度 （高中低）	成本 （高低）	决定
大堂档次	中	高	降低
购物区	低	高	去除
娱乐设施	低	高	去除
餐饮条件	中	高	降低（只留早餐）
房间空间	高	高	维持
床上用品质量	高	低	提升
服务质量	高	低	提升

ⓘ 注意

很多三星级、四星级酒店为什么不盈利？就是没有做好 VE/VA。以三星级酒店的浴缸为例，由于担心卫生问题，客户一般都不敢用，实际上这个浴缸对客户而言是可有可无的（重要度低），但酒店却付出了空间成本、购买成本、安装成本和定期清洗的成本（成本高）。按 VE/VA 的工具模型，最合适的做法就是去除浴缸。而淋浴对客户很重要，投入的成本又不高，反而可以提高档次。

　　VE/VA 需要企业内部各部门达成共识：改善不合理的产品设计、过高的质量要求，在这方面的成本节约贡献，要远远大于对供应商一轮又一轮的压迫降价。成本节约要向内求，你变好了，世界才会变好。

4.7　采购降本跨部门协同之行动学习

4.7.1　跨部门协同

　　无论是战略采购的推行，还是供应商分类、标通化设计、VE/VA，都需要做好跨部门沟通与协同工作。但由于各部门有各自负责的 KPI、部门间权责不清、部门主管个性差异等原因，在很多企业跨部门合作困难重重。

　　日本企业解决这个问题往往是以 QC 小组为组织形式，开展 QC 活动，对重点项目进行攻关。中国企业也引入了 QC 小组形式，但由于中国国民文化比较含蓄内敛、推崇中庸，在 QC 小组活动中，领导者或技术专家往往"一言堂""大嗓门"，而其他小组成员沦为"听众"，即使参加活动，也很少发言，QC 小组越往后越难推动，使 QC 小组活动效果大打折扣。

4.7.2　行动学习

　　在跨部门协同上，笔者建议结合中国国民文化特点，推行中国式 QC 小组活动，即行动学习。行动学习，又名群策群力，是团队通过解决组织实际存在的难题实现学习与发展的学习模式。其核心是在主持人的引导下，通过质疑与反思，达成个人和组织在认知、行为与心智模式上的根本转换。行动学习发挥了中国员工的国民文化优势（既聪明又思维发散），并通过加入研讨规则和可落地的行动计划，解决中国员工含蓄、不爱在正式场合发言的问题，从而使跨部门的采购降本活动推动得有声有色。小组成员全员参与，计划落地，效果就很显著。那么企业如何应用行动学习这种模式，促使跨部门合作，实现协同降本呢？

1. 建立研讨规则

行动学习通过建立研讨规则，很好地解决了中国式会议"一言堂""大嗓门"的问题，能够让大家全员参与，集思广益。

行动学习研讨规则：

- 一发言：每人都要发言，但每次只能一人发言（头脑风暴，多轮循环）。
- 两追求：追求数量、追求创意。
- 三不许：不许质疑、不许批评、不许打断。
- 四学习：视不同意见为学习机会。

2. 做好研讨过程中的小组成员分工与职责

行动学习的组员分工见表 4-17。

表 4-17　行动学习的组员分工

角　色	人　员	主要职责
组长		负责整个研讨过程和结果输出 不参与研讨，要求中立，倾听，发问
时间管理员		协助主持人做好整体及时间分配控制 控制成员发言不超过 1 分钟 参与发言
会议记录员		跟踪并及时将研讨中的观点进行公开展示 参与研讨
观察员 / 发言人		观察主持人行为并提出改进建议 代表本小组总结发言 参与研讨

3. 行动学习解决问题的标准步骤

行动学习有一套问题解决的标准步骤，如图 4-13 所示。

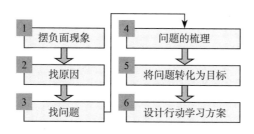

图 4-13　行动学习降本 6 步法

4. 行动学习的行动计划表

行动学习有一套符合 SMART、量化、可追踪的行动计划，见表 4-18。

表 4-18　完善绩效行动计划表

行动步骤	开始时间	完成时间	衡量成果标准及方法	资源需求（人、财、物）	第一负责人

4.7.3　杭州 H 仪表集团应用行动学习，推行采购降本

　　杭州 H 仪表集团股份有限公司是一家计量仪表领域的领先企业，近年来面临激烈的市场竞争环境，客户的招标活动导致产品售价急剧下降，H 仪表开展了多种降本增效活动，其中行动学习效果尤为明显。H 仪表近几年通过行动学习，进行了持续的采购降本活动，每年降本金额高达 3000 万元以上。H 仪表的控股母公司浙江 HZ 控股股份有限公司 2012 年度的年报中写道："报告期内，公司全面推动'行动学习小组'，子公司 H 仪表集团股份有限公司在应收款管理、生产效率提升、采购降本、质量提升、库存控制等方面取得了较好的成绩。2012 年全年公司采购部门在实际采购金额下降的情况下实现降本目标，为今年毛利率增长和完成经营目标做出很大贡献。"

　　下面介绍杭州 H 仪表集团的推行步骤。

　　（1）成立一个以采购降本为主题的行动学习小组，如图 4-14所示。

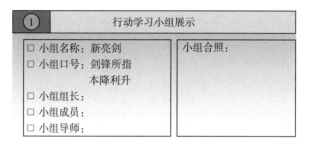

图 4-14　行动学习小组展示

（2）设定降本目标（3000万元）。注意，用具体金额比用百分比更能体现实际绩效。参与者是一个跨部门团队（采购部、研发部、制造部、资财部、ERP项目部等），并对问题进行澄清，如图 4-15 所示。

（3）数据分析。结合研讨，明确采购降本的重点物料，如图 4-16 所示。

（4）小组按行动学习规制讨论，头脑风暴形成若干想法，并将这些想法按盈利大小与实施难易程度填入图 4-17 所示的实现目标的十大想法范例图中的 4 个象限。

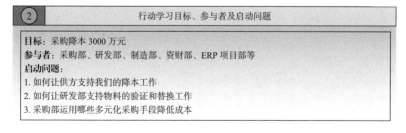

图 4-15　行动学习目标、参与者与启动问题

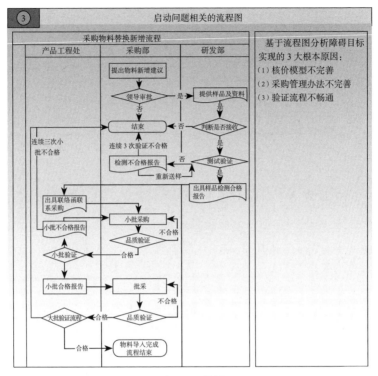

图 4-15 （续）

④ 现状分析——资料及数据罗列与分析

1. 2011 年采购付款总额。
　　2011 年付款汇总表
2. 2011 年元器件供应商付款期为月结 30 天及以下的有 66 家，大部分需调整为月结 60 天。
　　付款周期汇总表
3. 2011 年采购下单数量汇总表。
　　2011 年下单明细表
分析：
　　对 2011 年采购数量进行分析，器件降本重点为芯片、变压器、互感器、继电器、PCB 等成本占比较大的物料。结构件则以三大网物料、包装、导线等为主。

图 4-16　现状分析

⑤	实现目标的 10 大想法	

填入对应的象限

	容易实施 （4 个月内能实现）	不容易实施 （4 个月以上 10 个月以内能实现）
小的盈利	快速制胜（QW）： 包装物招标采购 采购员培训 数据分析	浪费时间（TW）
大的盈利	获利机会（BO）： 重新修订采购管理办法 通用物料的比价 建立电工器件的核价模型 美金采购	专项投入（SE）： 重启物料送样认证流程 消除独家供方 双经销

图 4-17　实现目标的十大想法

（5）按照图 4-18（4 大可行想法）所示的重点行动，选出重点实施项目。

⑥	4 大可行想法	

4 大想法 （未来 4 个月重点实施的）	收益预估	风险预估
美金采购	所采购物料降低采购价格 2%	美元升值，需同时准备好人民币采购方式
通用物料的比价	降低采购成本不低于 5%	降价后供方更换材料或工艺，影响产品质量
重启物料送样、验证和替换流程	降本 300 万元	验证不充分导致质量风险
采购员培训	合理分配份额，节约成本 50 万元	交期不及时影响投产

图 4-18　4 大可行想法

（6）根据重点项目列出行动计划，如图 4-19 所示。行动计划中包含成功的标准、行动的步骤、负责人及完成时间。

⑦			行动计划		
想法	关键行动步骤	开始/完成时间	成功的标准	负责人	需要的支持（人、财、物）
美金采购	统计可以采购的物料清单	3.1/年底	按清单要求采购		财务按时付款
元器件价格谈判	制定计划和目标	3.1/6.30	元器件整体降本 5%		总裁班子参与
结构件价格谈判	制定计划和目标	3.1/6.30	结构件整体降本 1.5%		总裁班子参与
物料替换	讨论并确定流程	3.1/年底	明确启动物料验证、替换流程，并由此节省采购成本 300 万元		需研发部及制造部大力支持
采购员专业培训	制定培训计划	3.1/6.30	采购员了解所负责物料的渠道、成本信息		暂无

图 4-19　行动计划范例

（7）针对行动计划，对人员能力进行辅导，定期跟踪。当产生绩效时，公司按照约定进行物质激励及精神激励。

4.8　项目管理

为适应快速多变的外部竞争环境，企业组织正在从"以功能为中心"向"以项目为中心"转变。采购人每天都在从事一个又一个的项目：国产化项目、供应商开发、召开供应商会议、与供应商谈判、组织年度降本活动、供应商辅导……项目管理能力正成为一个专业采购人员的核心能力，灯塔讲师、A.O. 史密斯环境电器全球超级产研基地项目总监刘丽梅根据多年项目管理实战，总结出一套项目管理的心法与干法。本节吸收了她的干货总结撰写而成的。

由于目标不清、资源不足、风险不明、监控失据等原因，项目往往进展都不那么顺利。类似下述的项目管理问题，在我们工作中屡有发生：

- 项目超期，延误预期上市时间或错过销售旺季，产生产能瓶颈。
- 项目验收时问题层出不穷，长期整改仍然无法通过验收。
- 资本预算超支。
- 产品成本超出预期，无法实现承诺的投资回报。
- 项目投入使用后，产生超额的运营费用。
- 项目发生质量缺陷。
- 项目执行过程中违反强规。
- 产品放行后质量不稳定，出现批量事故，存在售后问题。

简单来说，项目最容易出现问题的是项目的 4 个约束条件，即质量、成本、进度和范围，这四个约束条件相互制约和影响。通常项目范围发生变化，必然引发质量、成本或进度中至少一项发生变化。项目管理水平不同，成果也会不同。

4.8.1　项目管理是什么、做什么

那么，什么是项目管理呢？项目是为创造独特的产品、服务或成果而进行的临时性工作，企业的项目管理用通俗的话来讲就是：领导交代给你一个任务，你在规定的时间、规定的预算内干好。

注意，不是用最短的时间和最少的预算完成，而是在规定的时间和规定的预算内完成。项目管理不可能同时达成最短的时间、最少的预算和最好的质量。领导的期望肯定是"多快好省"

地搞建设，但事实上，凡是想在最短的时间、最少的预算内做到最好的，最后会发现在某些方面不得不妥协。永远不要试图满足所有人的所有期望，如果抱着这样的想法，项目注定会失败。

如果说项目是在规定的时间、规定的预算内，把领导交代的任务干好，那么项目管理主要解决两大问题："做什么"和"怎么做"。在项目启动、规划、执行、监控、收尾各阶段执行相应的任务，如图 4-20 所示。

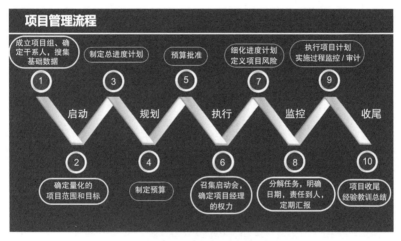

图 4-20 项目管理流程

这里非常关键的一点就是，项目一开始就要定义相关干系人，即所有与项目有利益关系或受影响的个人 / 组织，包括客户、管理者、项目团队，以及质控、财务、技术、售后等人员。

在启动阶段，同时需要确定量化的项目范围和目标，符合SMART 原则。

在项目的执行过程中，召开项目启动会，确定项目经理的权力，分解任务，责任到人，定期汇报。这一步一般人都会忽略，但对于项目的顺利推进，有重要意义。

最后，在项目实践过程中，应进行体系化的项目文档建设，在项目收尾阶段，还应及时进行经验教训的总结及分享。

4.8.2 项目风险管控的 2 个关键概念

采购人要了解项目延误或进度失控的原因，并进行有效风险预控，这时需要了解两个概念：

1. 帕金森法则（Parkinson Law）

只要还有时间，工作就会不断扩展，直到用完所有的时间。

帕金森法则是 20 世纪西方文化最杰出的三大发现之一，它揭示一个每天都在我们身边发生，看起来非常普遍的现象：工作总是会拖到规定的时间才能完成，从来不会提前完成。

2. 关键路径（Critical Path）

项目中有很多活动可以并行处理，同时完成，而决定项目总工期的进度活动序列，被称为关键路径。在关键路径上，即使很小变动，也会直接影响整个项目的最早完成时间。只有尽可能缩短和控制关键路径，才可能实现项目的总进度控制。

4.8.3 敏捷项目管理三张表格

敏捷项目管理（Agile Project Management）主张在有限的资源下，对项目团队赋能，在项目渐进明细的推进过程中及早发现和暴露问题，进而实现有效的跨部门协调和资源共享，保证项目高效合规执行。

敏捷项目管理的核心理念及思维方式如下：

（1）小型团队作战，快速迭代跟进。

（2）提前框定，严格执行，一次性把事情做对。

为了帮助伙伴们理解敏捷项目管理的"小型团队作战，快速迭代跟进"理念，我们用三张简单实用的"敏捷"进度计划跟踪表举例说明。

第一个表格：项目集的敏捷进度管理汇报表格，如图 4-21 所示。

以一个各个不同品类的产品上不同平台的项目集为例。项目集涉及 4 个平台、6 个品类、11 款产品，它们的项目总工期、进度计划、进度/成本/质量的控制情况，以及负责人员、支持人员、项目的状态，都可以非常清晰地展示。这种汇报形式，特别适合总项目负责人向管理层做定期汇报。

第二个表格：进度计划制定与跟踪表，如图 4-22 所示。

以非标自动化设备签订合同后的设计和制作进度计划制定与跟踪表为例，来说明敏捷进度跟踪的要点：

（1）每个子项目责任人必须是 1 个人，该子项目由其负全责。

（2）每个子项目支持人员须事先明确规定。必须取得管理层支持，明确支持人员"不是来帮忙的"。

（3）用"重要紧急程度"来区分关键路径与一般路径。关键路径（A 类）项目如延期，必定对整个项目工期产生影响，如延误必须制定赶工计划。

项目集的敏捷进度管理

产品	型号	对接平台	项目计划 Mar	Apr	May	Jun	Jul	Aug	进度	项目管理 时间	成本	质量	负责人	支持人员	项目状态
类别 1	型号 A	A平台							90%	●	●	●	AA	GG, HH, JJ	测试中
	型号 B	B平台							100%	●	●	●			已上线
		C平台							90%	●	○	●			测试中
		D平台							100%	●	●	●			已上线
类别 2	型号 C	A平台							70%	●	●	●	BB	KK,LL,MM	联调中
	型号 D	B平台							90%	●	○	●			测试中
		C平台													暂不对接
		D平台													暂不对接
类别 3	型号 E	A平台							90%	●	●	●	CC	PP, QQ	测试中
	型号 F	B平台							90%	●	●	○			测试中
		C平台													项目暂停
		D平台													项目暂停
类别 4	型号 G	A平台							90%	●	●	●	DD	RR, SS	测试中
	型号 H	B平台							60%	○	●	●			设计中
		C平台													项目暂停
		D平台													项目暂停
类别 5	型号 J	A平台							70%	●	●	●	EE	TT	联调中
类别 6	型号 K	B平台							30%	●	●	●	FF	XX,YY,ZZ	签署 NDA 协议
	型号 L	C平台							60%	●	●	●			设计中

图 4-21　项目集敏捷进度管理表

敏捷进度计划的制定

序号	主要急迫程度	项目	甲方负责人	供应商负责人	甲方支持人员	供应商支持人员	计划完成时间	完成百分比	是否过期	目前进展	备注
1	A	全部型号图纸提供	ZZ	TT	/	XX、YY	2019/5/8	100%	N		泵、伺服电机、机器人等
2	B	长交期关键外购件下单	XX	TT	ZZ	YY	2019/5/10	100%	N		
3	B	设备可靠性和风险评估	XX	TT	ZZ、LL、JJ	YY、JJ	2019/5/20	100%	N		
4	B	设备方案设计完成	XX	TT	ZZ	YY	2019/5/25	100%	N		
5	A	设备图纸评审确认	XX	TT	ZZ、LL、KK	YY、JJ	2019/5/31	70%	Y	尚有3个问题待修改确认，预计6月25日完成	
6	B	拆图完成，具备投产加工条件，开始加工	XX	TT	ZZ	YY	2019/6/2	0%	Y	延期；预计6月30日完成	
7	A	机械零件加工完成	XX	TT	ZZ	YY	2019/7/30	0%	N		环保原因，进度存在风险
8	A	外购件到货	XX	TT	ZZ	YY	2019/8/5	0%	N		机器人交期长于预期，存在风险
9	A	电气装配完成	XX	TT	ZZ	YY	2019/8/5	0%	N		
10	A	机械装配完成	XX	TT	ZZ	YY	2019/8/8	0%	N		
11	A	总装配完成	XX	TT	ZZ	YY	2019/8/15	0%	N		
12	B	小批量运行（按风险高低优先级进行调试）	XX	TT	ZZ	YY	2019/8/25	0%	N		
13	B	设备调试完成，具备预验收条件	XX	TT	ZZ	YY	2019/8/31	0%	N		
14	A	设备整收完成，通过预验收	XX	TT	ZZ、LL、KK	YY、JJ	2019/9/3	0%	N		

图4-22 进度计划制定与跟踪表

注意，赶工计划同样须取得关键团队成员共识，并书面签字确认，还应及时向上级管理层汇报。

（4）计划表应按计划完成时间排序，定期（一般每周）汇报进展，注明完成进度百分比。

（5）链接公式显示是否超期。超期的项须用红色突出标示，有风险的用黄色突出标示，无风险正常进行的用绿色突出标示（红黄绿灯管理，易于突出风险）。

（6）新识别的项目须添加到跟踪计划中，已完成的项目可隐藏，项目的最后一天，应当将所有项目归零。

第三个表格：敏捷进度计划表，如图 4-23 所示。

这张表既可以用于供应商对于设备制造过程的节点控制，又可以用于多个阶段类似的项目集汇报。

这里同样会用到红黄绿灯的概念，有问题及早暴露，第一时间调动资源协调解决。

一旦详细的进度计划制定，有任何变更，都必须做相应的变更记录，同时确保延期的子项目在下一个节点前能够赶上来。

敏捷进度计划的汇报方式揭示了项目管理中一个非常重要的认知：我不在乎你今天之前完成了多少工作，我只关心你从今天开始到项目结束，还有多少工作没有完成。

敏捷进度计划 - Time Action Plan

进度颜色代码：按时/提前完成：绿色；风险项：黄色；已滞后：红色。

机加工件

序号	规格/编号	材料	数量	下料/焊接	退火	线切割	龙门加工	铣孔、攻丝	表面处理	部装	发货	表面处理工艺	备注
1	PD7.1340.193.1003	下板	1	2019/6/18	/	2019/6/21	/	2019/6/23	2019/6/26	2019/6/27		镀锌	镀锌至少需要3天，批量处理，下同
2	PD7.1340.193.1004	立柱	4	2019/6/18	/	2019/6/21	/	2019/6/23	2019/6/26	2019/6/27		镀锌	
3	PD7.1340.193.1005	上板	1	2019/6/18	/	2019/6/21	/	2019/6/23	2019/6/26	2019/6/27	2019/6/29	镀锌	
4	PD7.1340.193.1006	连接板	1	2019/6/18	/	2019/6/21	/	2019/6/23	2019/6/26	2019/6/27		镀锌	
5	PD7.1340.193.1007	机加工零件	8	2019/6/18 2019/6/24	/	/	/	/	2019/6/21 2019/6/26	2019/6/27		油漆	为赶工期，热处理/镀锌件先用替代件，后期替换

外购件/标准件

序号	规格/编号	材料	数量	下订单/签订合同	到货	部装	发货	备注 6/18 更新
1	PD7.1340.193.1012	拖链槽	1	2019/6/15	2019/6/24	2019/6/27		不锈钢折弯件
2	HGH25HA2R1720C	直线导轨	2	2019/6/15	2019/6/24	2019/6/27	2019/6/29	米思米
3	ZP2V-A5-05	真空止回阀	16	2019/6/15	2019/6/20 2019/6/25	2019/6/27		SMC 改6月23日发货，6月25日到货

图 4-23　敏捷进度计划表

这种汇报形式会给项目经理巨大的压力，如果这次汇报时，各个子项目的进度条和上次汇报相比没有变化，那么说明在两次汇报之间，项目经理所做的所有事情并没有使项目离完成更进一步。

用红黄绿灯突出标示也是最容易暴露项目过程中存在的问题的一种方式，超期未完成的项目一目了然，管理者根本不用看绿色的子项目，只需要把精力和资源集中在红色的延期项和黄色的风险项，从而节省管理者的精力。

4.8.4　项目中的采购管理

很多时候，项目经理和采购在一个项目执行的过程中职责是不明确的。如果不能在项目的全生命周期明确项目经理和采购的权责，就容易出现扯皮和矛盾。

以设备类的项目全生命周期为例，在项目的不同阶段，实际上项目经理和采购的权责是有区分的。如果合规执行一个项目，那么在合同签订之前，商务上的主导应当以采购为主。而合同签订之后，项目经理应当全面负责项目的进度、成本、质量、范围管控，对项目的成败承担 100% 的责任，而不是事事找采购人员。但遇到项目的变更或增项，这个时候采购人员必须介入，由采购人员来进行费用和工期变动的确认，获得管理层批准后，由采购人员来通知供应商进行变更。否则的话，就可能出现项目经理做出了很多承诺，而最终供应商来要账的时候，公司的管理层都不知道项目过程中发生了那么多的变更。

最后项目结束之后，应当由项目经理组织进行经验教训的总结，而由采购人员来发起供应商的绩效评价回顾和闭环反馈，淘汰供应商和优化供应商基础。

项目经理与采购人员的职责划分示意，如图 4-24 所示。

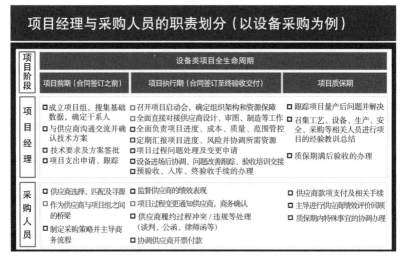

图 4-24　项目经理与采购人员的职责划分示意

可以这样说，作为项目采购和项目经理，我们所有的能力都体现在供应商上。但是怎样才能充分激发供应商的潜能，并做到过程中受控？

每一个项目，我们都应当在合同签订之前，制定详细的衡量指标、奖惩标准，在过程中实施正负激励，并在项目结束后及时复盘，进行绩效评估和供应商基础优化。我们坚定认为：项目管理者的素质决定了供应商的质量。同样的供应商，项目管理者素质不同，供应商的绩效也会不同，如图 4-25 所示。

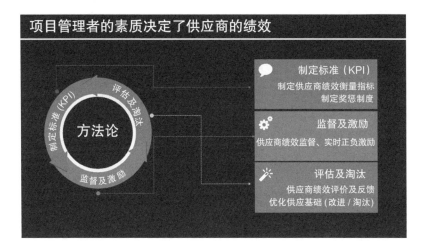

图 4-25　管理者素质与供应商绩效的关系

基建项目，可以说是所有项目管理中不确定性最大，最有可能有"猫腻"的项目之一，最大的不确定性来自施工工人的素质和项目管理团队的素质参差不齐，比如出现工人偷工减料、监理单位积极性不足和职业操守缺乏。所以提前框定，严格执行，实行正负激励就显得尤为重要了，如图 4-26 所示。

在管理中，有个非常重要的思维概念：**"法律的遵从性和震慑力，不在于惩罚的严重性，而在于惩罚的必然性"**。

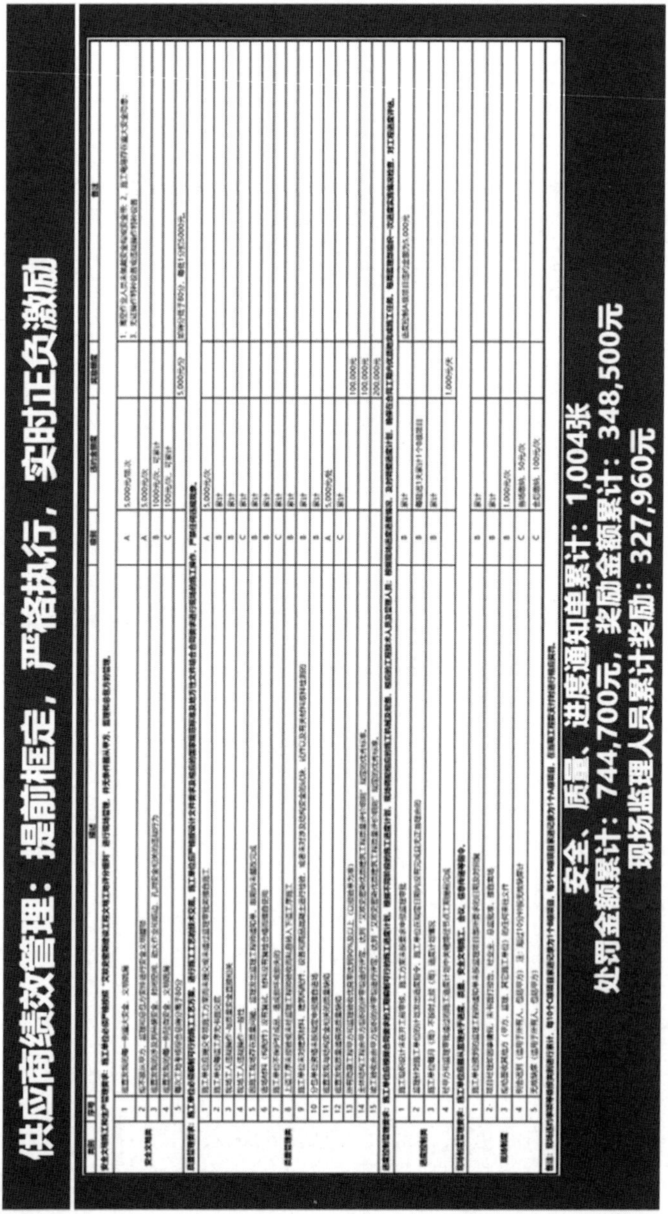

图 4-26 供应商绩效管理示意

　　如图 4-26 所示，我们在某个项目整个 516 天的施工过程中，开出了 1004 张罚单，处罚金额 70 多万元，当然，每个月也会进行安全文明评比，对于做得好的单位也有相应的奖励，一共奖励了 30 多万元。为了调动现场监理人员的积极性，我们提前规定，无论奖罚，30% 归现场的监理人员所有，这个写在合同里面，最后 7 个现场监理人员，一共拿了 30 多万元的奖励！

　　在供应商绩效评价闭环管理上，为了以质量为导向，提升项目成功率，每一个项目结束后，我们都会通过"质量、技术、交付、成本、可持续性"这几个维度进行评价，而且是项目干系人一起参与评分，尽可能公正、公开和客观。对于评为优秀的供应商，在后续的项目议价时，优先选择，绩效评价报告也会给供应商反馈，督促他们针对性做出改进。两次被评为不合格的供应商，则刚性淘汰，以不断优化供应商基础。供应商绩效评价方法如图 4-27 所示，评价细则如图 4-28 所示。

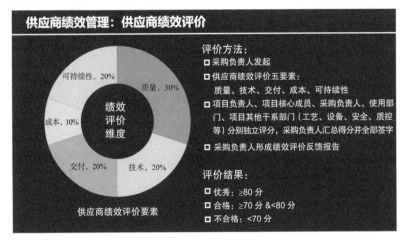

图 4-27　供应商绩效评价方法

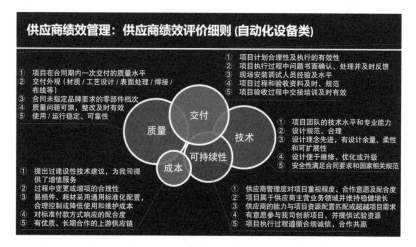

图 4-28　供应商绩效评价细则

以设备类的供应商绩效评价细则为例，我们关注质量、交付、成本、技术、可持续性，但是出发点可能与一般人想的不太一样。

比如质量，我们会有一项打分，通过"合同未指定品牌要求的零部件档次"进行。因为我们的合同永远不可能指定所有的品牌，所以从"合同未指定品牌要求的零部件档次"就能看出，这个供应商究竟以质量为导向，还是以成本为导向。

再比如技术，我们非常关注供应商是否"设计理念先进，有设计余量、柔性和可扩展性""设计便于维修、优化或升级"。

再比如成本，我们不关注价格是否更低，这个在议价时已经明确了，我们更关注是否"易损件、耗材采用通用标准化配置，合理控制或降低使用和维护成本"。

4.8.5 专业项目经理应具备的素质 / 技能

在专业技术能力以外，项目经理应具备哪些核心的能力模型，以破解项目管理的困局，助力项目管理在有限的资源下取得成功？

认知决定思维，思维影响行动，行动产生结果。

首先我们需要认识到，一名专业的项目经理，不能满足于做一名技术专家，而是应成为一名资源整合者，通过整合所需的资源来完成项目。

整合通过沟通实现，项目经理 75%～90% 的时间用于沟通。

通过对数百个项目的过程管理水平、项目成果及项目经理能力 / 素质分析，我们总结了以下**九大专业项目经理能力模型及核心要素**（见图 4-29）。

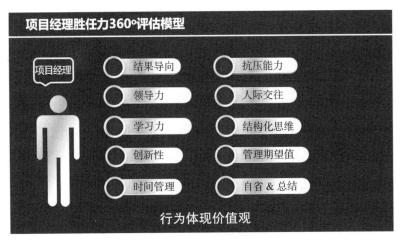

图 4-29 专业项目经理能力模型

1. 结果导向

"以终为始""没有借口"，对项目成败承担 100% 责任。

- 项目的范围和目标设定符合 SMART 原则，并书面确认。
- 聚焦于项目目标，调动资源，致力于目标的实现。
- 能找到问题的关键，进而解决问题。
- 以终为始，关注至项目结束未完成的工作，而非已完成的工作。
- 敢于对项目的成败承担 100% 的责任，不找借口。

2. 领导力

领导力不是指处在领导位置上拥有的正式权力，而是充分认识领导者个人力量的局限性，有能力创造一种环境，让其中的每个人都能集思广益，承认每个人都有价值，用挑战、成就感和认同感激发团队成员的潜能。

- 提供明确的方向和思路，使团队成员都清楚组织的底线和原则。
- 保持头脑极度开放，认真听取和理解他人的意见。
- 能有效协调、管理、利用各方面的资源来解决问题。
- 有勇气做正确的事，并承担可能的后果，不推卸责任。
- 用挑战、成就感和认同感激发团队成员的潜能。

3. 学习 & 创新

项目经理必须有持续的激情，永远积极创新，不断进步，终身学习成长。

- 关注相关领域最新技术知识和发展趋势。
- 致力于工作流程与做事方法的持续改进，不固守现状。

- 突破常规，探讨并实施创新的想法，敢于承担失败的风险。
- 灵活运用头脑风暴等方式提升项目组成员的创新性思维。
- 以解决问题为乐趣，喜欢挑战，享受工作成就。

4. 时间管理

守时高效，按重要紧急程度安排工作的优先级，并将这个好习惯传递给所有的团队成员。

- 与项目团队等关键干系人共同制定切实可行的进度计划，并取得书面确认。
- 定期回顾项目进度，管控风险，及时协调资源，解决问题。
- 能够传达紧迫感，督促组织成员更好地完成任务。
- 根据项目进展及时调整工作优先级及进度计划，有效达成目标。
- 守时高效，承诺的事能够给予定期反馈。

5. 抗压能力

情绪管理能力和乐观的心态是项目经理的必修课。不要被看似不可战胜的困难打倒，找到突破口，各个击破。

- 对于工作难题要有用之不竭的精力和时间。
- 有良好的情绪管理能力，遇到挫折时关注如何调动资源解决问题。
- 以自己的乐观执着感染身边共事的团队成员。
- 面对困难，勇于尝试、突破，不轻易放弃。

■ 身体素质良好，可承受艰苦的工作环境和重压。

6. 人际交往

保持头脑极度开放，认识到"利他"才能"利己"，倾听并理解他人，对事不对人，追求共赢。

■ 倾听并理解他人，保持建设性关系。

■ 主动了解客户与干系人情况，并寻求反馈。

■ 设立项目的里程碑，达成目标后及时庆祝。

■ 能有效处理工作中的冲突，对事不对人，合作共赢。

■ 认可他人的付出与成就。

7. 结构化思维

结构化思维是指面对工作任务或难题时的逻辑思考能力，掌握各种分析工具和方法，以及专业技巧。

■ 清楚并遵照公司的项目管理及采购流程，以实施项目。

■ 掌握各种分析工具和方法，用数据和逻辑进行说服，即使最复杂的概念也能清楚表达。

■ 预判项目全过程潜在风险并提前准备预案。

■ 充分调研 / 验证，谨慎决策，提前框定，严格执行，一次性把事情做对。

■ 跟上级管理者汇报前会做充足的功课，并提供相应的决策依据。

8. 管理期望值

提前分析、预测项目潜在的风险，制定进度、成本、质量目标时留有余量。

- 提前分析、预测项目潜在的风险，制定质量、进度、成本目标时留有余量。
- 上级管理者及干系人承诺的事，及时予以书面确认。
- 过程中采取措施阻止范围蔓延，敢于向高层管理者说"不"。
- 执行过程中遇到问题，第一时间披露并协调资源，对项目目标 / 范围的影响达成书面共识。
- 与高层管理者明确项目的质量、进度、成本目标优先级，并制定相应的采购 / 执行策略。

9. 自省 & 总结

项目管理最大的浪费是经验教训的浪费。项目完成后必须组织项目团队及相关干系人进行回顾和总结，并进行经验教训分享。

- 有程序化 / 体系化的项目文档建设管理机制，项目资料存档符合项目实施进度。
- 项目中的问题及解决过程要及时记录并分享，确保发生过的错误不会再犯。
- 项目里程碑达成时组织团队成员总结成果，并规划下一步工作。
- 项目结束后及时组织团队及相关干系人进行回顾，总结并存档。
- 定期与其他项目团队 / 相关干系部门进行经验教训分享。

4.9 采购 3.0 企业实践：开创战略采购新时代的华为

在本书第一版发布 2 年后，很开心看到采购 4.0 模型被华为公司认可并做了实践创新。2018 年 11 月 7 日，华为第十二届核心供应商大会在深圳召开，来自全球各地的 145 家核心合作伙伴参会。华为轮值董事长郭平发表了题为"互助共赢，开创战略采购新时代"的主题演讲，宣布华为将进入"采购 3.0"时代，即战略采购时代，将与核心供应商打造新型战略合作关系，聚焦公司战略目标的实现。在此对郭平先生的主题演讲进行解读。

郭平先生首先对供应商的支持和帮助表示感谢，"华为的每一个进步离不开你们，作为同一生态链上的合作伙伴，我们一起实现和分享了华为过去的快速发展"；对合作进行了回顾，"三年来通过大家共同努力、以行践言，在构建高质量和敏捷供应等方面取得了显著成果，同时我们在过程中也建立了深厚的友谊"；提出了新的挑战与应对，"未来宏观环境和行业发展仍存在不确定性因素，希望我们能共创互助共赢的新型战略合作关系，不断战胜困难走向胜利。"

郭平先生对华为的采购管理发展历程进行了介绍：第一阶段，二十年前，在顾问的指引下，华为建立了基本的采购框架及流程体系，与供应商构筑低成本优势，确保及时准确交付，实行价格采购，建立了"采购 1.0"；第二阶段，过去十年，华为向主流汇聚，关注全流程 TCO，获得采购综合竞争优势，实行"价值采购、阳光采购"，建立了"采购 2.0"；第三阶段，华为将进入"采购 3.0"时代，即战略采购时代，与核心供应商打造新型战略合作关系，聚焦公司战略目标的实现。关键词为采购 1.0 的"交付"、采购 2.0 的"阳光化"、采购 3.0 的"新型战略合作关系"。

郭平先生认为，战略采购有 5 个特点。

特点一：以支撑企业商业成功为最终目标。

郭平先生认为，传统采购强调规则的制定与遵从，未来战略采购要以业务结果为导向，专注支撑企业商业成功。这要求与核心供应商实现战略匹配，建立研发、采购、市场、供应等跨功能领域的全面连接，增加合作黏性，但同时也不能保护落后。郭平先生举了一个例子：大家都知道华为和三星在市场上有比较复杂的关系，但是华为仍然大量使用了三星的部件，三星也是华为的核心供应商。只要能提供有竞争力的部件，能够让华为的产品更容易实现商业成功，华为就会使用。三星近两年在华为业务成长性、供应方面有良好表现，华为与三星高层已建立了定期沟通和互信机制。

特点二：联合创新，共同引领产业发展。

传统采购是基于现有能力和资源进行选择的，未来战略采购要解决产业链发展薄弱甚至空白的问题，这要求企业与核心供应商要敢于投入，建立鼓励联合创新的机制，支持产品持续领先。华为未来将面向全球，与更多优秀企业合作，产生更多联合创新的项目，共同引领产业发展。

特点三：建立互信互助的合作关系。

传统采购关注中短期收益，未来战略采购要关注长期战略目标的实现。这要求与供应商建立互信互助的机制。供应商安全、健康地活着，是供方的需要，也是华为的需要。例如，有些伙伴出现预测不准、产能扩充后市场需求不足的困境，华为采取提前付款等方式，帮助伙伴渡过难关。而在困难时刻，供应商们也在帮助、支持华为。郭平先生表示，对供应商的帮助华为会将其记录到红事件库中，黑事件库则记录供应商的失信行为。

特点四：构建供应坚韧性，保障业务连续。

传统采购要求及时交付、快速响应，未来战略采购要具备供应韧性，应对各种极端情况。这要求华为与供应商建立完备的BCM（业务连续性管理）体系，建设强健的供应链条。过去三十年，华为坚持以客户为中心，与客户一起共同面对地震、洪水、战乱、疫情等突发事件。华为始终践行以客户为中心的核心价值观，分场景建立了完整的业务连续性保障体系，有预案、有资源、有流程、有演练。华为期望核心供应商在面对同样环境时，也能坚持以客户为中心，以积极、快速的行动应对各类突发事件，保障业务的连续性，并建立完备的业务连续性体系。

特点五：利用数字化技术，建设极简交易模式。

据预测，到 2020 年多数公司的 75% 的业务将会是数字化或处于数字化转型的路上，没有前瞻性数字化业务战略的企业，在未来 5～10 年内将很难生存。华为致力于通过数字化技术简化交易链条，建设极简交易模式，把资金、人力和资源投入到更有创造力的工作中去。华为将使用数字化技术，建立供应链极简交易模式。

郭平先生从业务结果、联合创新、互信互助、柔韧供应、简化交易五个维度对战略采购进行了剖析，这也是华为采购 3.0 的五大要求。业务结果承接企业的战略目标，联合创新是战略关系深化的手段，互信互助是供应链关系的基础，柔韧供应有助于供应链风险管理，简化交易的目的是提高供应链效率。华为应用采购 4.0 理论建设自己的战采购体系，又加入了自己企业的理解，不断去践行。

我们期盼华为带领其战略供应商，在商业上获得成功的同时，也为中国的采购管理发展、供应商共赢合作模式打造典范、树立标杆；也期待越来越多的企业勇于实践，构建符合自己企业特点的战略采购体系。

4.10　学以致用

 学

请用自己的语言描述本章的要点。

 思

描述自己企业的相关经验与本章对自己的启发。

用

我准备如何应用？我希望看到的成果是什么？

会遇到哪些障碍？

解决障碍有哪些方法、措施、资源？

第 5 章

采购 4.0——供应链生态，价值创造

未来的竞争不是企业和企业之间的竞争，而是供应链之间的竞争。

——Martin Christopher

5.1 打造供应链生态，实现价值再创造

5.1.1 供应链生态

在采购 3.0 阶段，企业推行战略采购，拆除部门墙，通过消除企业内部的浪费与减少内耗获得了成本的降低。当浪费与内耗削减到一定程度，如果还要使采购成本继续大幅降低，就要跳出公司的一亩三分地，开拓更富饶的金矿——供应链管理。发动供应链上下游各企业共同参与，降低供应链成本，这是一种全局性、系统性降本，也可以形成供应链生态。供应链生态指的是供应链上下游企业为互助共赢、产生价值而创造的乘法效应。一个

花园的生态系统，一朵花开不是春，万朵花开春满园；蜜蜂采蜜的同时会传播花粉助花朵结出果实。一个供应链的生态系统，成员间互相学习、互相借鉴、资源共享、能力互补，组合或创新出无限可能。供应链生态系统的形成，可以说是采购工作最能体现自身价值、最有成就感的事情。

由于市场竞争和自身发展的需要，供应商也会不断进行技术创新与管理提升。核心企业及时了解供方最新动态，充分利用，就会获得基于供应商创新带来的竞争优势。在采购管理层级上，由企业内部协同进入供应链生态系统，管理的目标由成本管理升级为价值创造。这时企业进入采购 4.0——供应链生态、价值创造阶段，如图 5-1 所示。

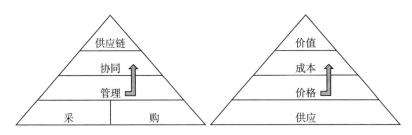

图 5-1　采购 4.0 变革目标

5.1.2　采购 4.0 的 5 个特征

采购 4.0 具有如下 5 个特征：

（1）**跳出围墙**：采购 4.0 的参与主体已经不是一个企业，而是这个企业的供应链上下游伙伴，包括客户、供应商，甚至包括供应商的供应商。

（2）**价值创造**：进入采购 4.0 阶段的企业，大都目标长远、管理卓越，希望通过价值创造打造供方、企业、客户可持续发展、多赢的供应链生态系统。

（3）**高效协同**：不断优化信息流、物流、资金流，实现供应链成员之间的高效协作。

（4）**互助提升**：把供应商的问题当成自己的问题，不断地支持、辅导供应商，提高供应商的能力与管理水平。同时也向供应商学习，充分挖掘、利用供应商的专业能力。

（5）**定位升级**：采购中心向供应商支持中心、采购联盟或行业平台升级，成为真正意义上的利润中心。

5.1.3　采购 4.0 的实施路径

采购 4.0 的实施主要有以下路径：

（1）**理念先行**：要想可持续发展，必须先树立统一的核心理念，通过供应链上下游进行价值创造，多赢合作，方能实现可持续发展。

（2）**协同机制**：只有理念是不够的，还必须建立供应链上下游协同机制，建立良好的规则与文化，作为供应链协同的总体指导原则。

（3）**科学规划**：在建立协同机制的基础上，还必须对企业与供应商之间的物流、信息流和资金流进行总体策划、科学规划，以保证信息共享、物流最优、资金流健康运转。

（4）**供方帮扶**：供方能力各有差异，有些供方在认识上、能力上和技术上可能与企业的要求有差距，此时需要对合作供方进行辅导，提升供应商管理能力，解决供应商发展中遇到的问题。

（5）**供方参与**：除了企业给供应商提出要求、发出指令，还应认识到供应商在专项产品上比企业更专业，企业可以让供应商参与企业的新品研发过程，利用供应商专业能力改善企业的产品和流程，充分发挥供方的能力，使用供方的价值。

（6）**持续改善**：持续改善，打造多赢生态系统，实现可持续发展。

采购 4.0 的实施路径如图 5-2 所示。

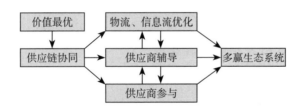

图 5-2　采购 4.0 的实施路径

5.2　供应链优化

5.2.1　东南汽车供应链的"准点供应、直送工位"

每天早晨 7 点 55 分，地处福建青口投资区的颖西汽车内装公司载着门饰板的长长的小拖车准时从厂区出发，它要在 8 点整将货准时送到东南汽车的流水线上，不能早，也不能晚，因为所有的时刻都已排好了要送货的厂家。小拖车直接开到整车装配线上，零部件不需要包装，即用即送，即送即用。小拖车每天交货16次，平均每半小时交货一次。而颖西汽车内装公司并不是一个特例，有30多家供方用这样的方式在给东南汽车做精准的协同供货。

东南汽车是由台湾中华汽车与福建省汽车工业集团公司各出资50%成立的。东南汽车在创立之初，就带动30多家优秀配套零部件供应商在其周边安家落户，同步建设形成了东南汽车城（见图5-3）。正是基于东南汽车整体供应链的先进规划，才有了前文所述的效果。

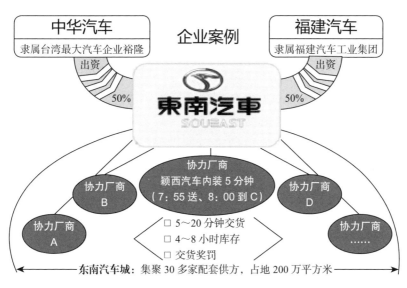

图5-3 东南汽车供应链运作示意图

作为供应链管理专业人员，当看到东南汽车直送工位、准点供应的供应链案例时，除了惊叹，还必须思考与研究这样的供应链物流系统是如何构建的，它要克服什么样的困难，对我们企业的供应链管理有哪些启示。

5.2.2 东南汽车供应链的 3 点启示

1. 对供应链物流系统要进行整体规划

东南汽车的供应链系统，整车厂与配套供方距离很近，这需要提前整体布局，对供应链物流系统进行科学规划。在东南汽车城，以东南汽车为核心，几十家汽车零部件厂围绕，呈现出"众星拱月、航母编队"的形态，供应商厂址地理位置经过事前整体规划，依据物流距离最短、方便运输的原则，根据零部件的体积和重量，由近及远，顺序排列，最近的运输距离只有几十米远。东南汽车除发动机外，百分之七八十的零部件都在这里配套布局，而配套半径仅为 5～20 分钟车程，这为快速响应、降低库存的高效供应链提供了便利条件。东南汽车的案例告诉我们，供应链整体布局与物流规划是多么重要。东南汽车厂商分布如图 5-4 所示。

2. 对供应链信息系统进行规划，使信息在供应链中透明、共享

要实现供应商的准点供应、直送工位，仅靠距离近还不够。供方需要实时了解客户的需求变化、采购计划、库存信息；客户也要了解供方的实时生产状况与库存情况。通常供应链的上下游企业都会上 ERP 等信息化系统，但基本以自用为目的，各自选

型，这容易造成信息化系统接口不统一，数据很难在供应链中共享，容易形成信息孤岛。东南汽车希望配套厂同步生产、敏捷响应、降低库存。如果各配套厂使用统一的信息化系统，与主机厂信息交换就会更加快速准确，实现信息透明。当东南汽车得知全兴、福享、泰全几家配套厂有上 ERP 的意向时，顺势启动了"东南汽车网络制造及供应链协作"项目。由东南汽车主导，推动配套厂使用统一的 ERP 系统，并主动协助配套厂 ERP 选型，对大供应链信息系统进行整体规划。

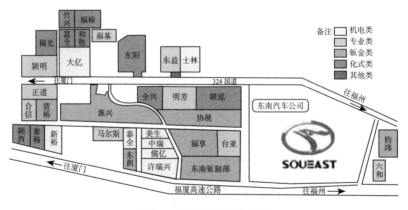

图 5-4　东南汽车厂商分布

30 多家供应商共同使用统一的 ERP，对 ERP 供方来说是前所未有的一次大客户团购，对 30 多家供应商而言，除了价格优惠，还可以实现成员之间经验共享，提升学习效率。

经过遴选，神州数码易飞 ERP 脱颖而出，成为东南汽车的合作伙伴。为了使不同产业的 30 多个配套厂同步实施易飞 ERP，东南汽车采用由中华汽车公司出辅导员、神州数码出咨询顾问的形式，组成经验丰富的辅导小组，每个小组负责辅导几个配套厂，通力协作，使系统顺利上线。东南汽车供应链信息化系统框架如图 5-5 所示。

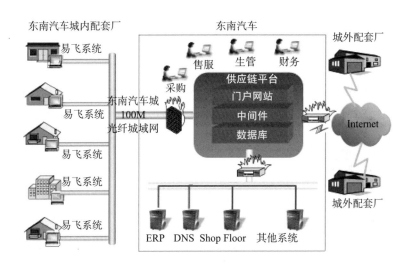

图 5-5　东南汽车供应链信息化系统框架

导入系统前，主机厂与配套厂之间的信息传递通过传真，每月主机厂给出一个预测量，配套厂根据其预测量安排生产。因为预测不准确，配套厂有些原料备货期较长，为了保证生产，经常要备很多的料，库存往往高达数周的用量。导入 ERP 系统后，取消了以前的纸张订单和预测，通过东南汽车供应链网站，将东南汽车的订单、序列及 6 个月成车计划、旬订单及时提供给配套厂。配套厂载入神州数码易飞 ERP 系统后即可迅速、及时地进行计划、生产及备料的准备，大幅降低了双方的库存与工作量。

神州数码也在易飞 ERP 中提供了符合汽车零配件管理特性的解决方案，充分与配套厂的业务流程结合，包括生产看板与采购看板的计算、打印、条形码读取，利用 JIT 的管理方式，将现场看板运作与 ERP 充分集成，提升了配套厂的信息管理水平。据介绍，通过 ERP 导入，配套厂的最低安全库存可以降至 4 小时。配套厂对主机厂的库存信息及时监控，生产变动信息与东南汽车同步，从而实现同步生产。若发生停线、变动、异常等情况，平台会立即发出警报。管理透明化、及时化、无纸化，大大提高了运作效率和准确性。东南汽车与配套厂之间信息流运作如图 5-6 所示。

3. 坚持与供方长期共赢，形成对供方较强的领导力与号召力

东南汽车选择在福建青口建厂，能将在台湾合作多年的供应商带过来，并按物流最优的路线，帮助并安排供应商选址；同时能对供应商的信息化系统进行统一筹划，对供应商物料进行看板拉动，这体现了东南汽车作为供应链链主具有的领导力、号召力。而领导力来源于多年来坚持与供方双赢的合作关系。在东南汽车供应链系统，经常能听到这样的话："东南厂希望带着我们配套厂一起发展，我们建立了诚信、信赖的关系。"东南厂也把这些配套厂亲切地称为协力伙伴。协力，齐心协力之意，即东南汽车的事业是属于东南供应链全体伙伴的。东南汽车不断地去辅导、培训协力伙伴，帮助他们进行管理提升，供应链链主企业与供方之间就像一家人。

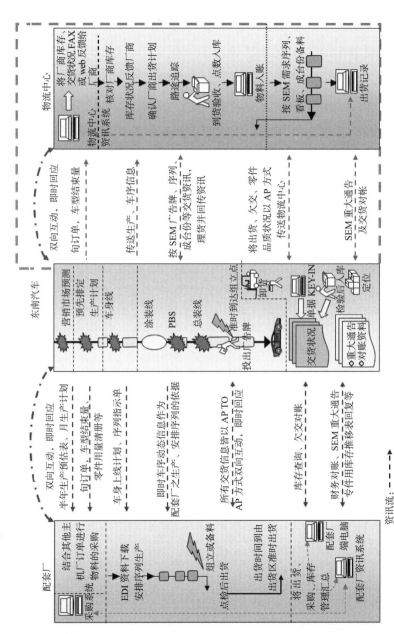

图 5-6　东南汽车与配套厂之间信息流运作

5.2.3　中国移动如何打造集中、协同、高效的供应链物流体系

每天早晨 8 点，运输车队在地处江苏南京溧水开发区的中国移动华东大区物流中心内有序地集合，它们要将通信网络建设最常用的基站、光缆、天线、馈线等通用设备，运往浙江、上海、福建、江西、河南、湖北、安徽和江苏各地市。当天下午部分车辆抵达位于金华的中国移动浙江省级区域配送中心（Regional Distribution Center，RDC），在这里一个基站所需要的上百个零部件会进行成套配载，统一配送到全省几万个施工点，以便快速开展通信网络建设。

这只是一个省公司的缩影，整个中国移动集中供应体系涉及 6000 余家供应商、2000 类主要设备、数亿个 SKU，最终送达数以百万计的施工需求点。

作为物流管理专业人员，面对中国移动如此复杂的物流网络，要研究集中供应体系如何做到统筹有序、高效运转。

10 年前，中国移动物资供应采用粗放式管理，依赖供应商直接送到施工地点附近，大量库存就近分布在市库、县库及施工队手里，由于工程需求的突发性和不确定性，常常出现"货到地头死"的现象，造成大量资金占用，使企业的发展背上了沉重的包袱。

为此自 2008 年，中国移动规划了跨省行政区划的大区平面和省平面两级业务架构，集团层面和省层面直接接入生产供应，推进物资供应体系集中化、扁平化，以适应通信建设高速发展，在保障工程建设物资需求的同时，使物资管理更加规范化、集

约化。

大区平面由华北（天津）、华东（南京）、华南（广州）、西北（陕西）、西南（重庆）5 个大区物流中心组成，负责 31 省移动公司主要常用通信配套设备的集中储备、集中供应；省平面根据施工阶段将需求物资进行集货、分拣、整合，将零散物资成套配载、集中配送到施工现场。中国移动大区集约化物流示意如图 5-7 所示。

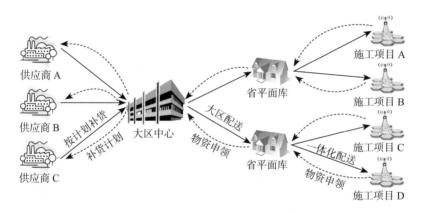

图 5-7　中国移动大区集约化物流示意图

物资经过两级物流体系的集中供应，实现了跨省、跨地市、跨项目的库存共享、呆滞盘活、统筹调拨和快速响应，有效保障了中国移动通信网络建设进度，最终为广大用户提供优质便捷的通信服务。

5.2.4　供应链优化的 4 个着眼点

如果你的企业不属于汽车行业，对供应链物流、信息流的优化没有这么高的要求，也不像中国移动一样对供应链有很强的影响力，作为采购人员，仍然可以从以下 4 个方面着手去优化供应链。

（1）**最好的供应链来自顶层设计**。供应链物流要么经过事先规划，要么对已有供应链物流进行优化，采购人员应画出供应商分布地图，计算采购半径，并不断优化采购半径。

（2）**与供应商之间信息共享可以减少库存**。对供应伙伴应通过信息化做到计划共享、库存透明，从而形成有效协同。

（3）**不断优化与供应商之间的流程**。如减少人工订单操作、推动来料免检等。

（4）**把供应商当作自己的家人**。把供应商的问题当作自己的问题，立足长远、协同发展、共赢市场。把供应链运作成一个"共赢链"的命运结合体。

5.3　与供应商互助、共赢

2009 年笔者给广州五羊本田做《供应商质量管理》的内训，与其他内训不同的是，这次培训课堂上第一排坐的都是五羊本田的供应商代表。"我们与供应商之间，不是管理与被管理的关系，而是共同发展的关系，这个课我们请供应商伙伴共同来学习。"当时质量部负责人童先生和笔者说。课程中笔者问一个供方老总为什么愿意与五羊本田做生意，他的回答很出乎笔者意料。答案居然不是因为五羊本田品牌大、订单多、付款好，而是五羊本田不断对供方提出更高的要求，而当供方能力不足时，五羊本田会派工程师辅导供方，一直带着供方成长。这家供应商老总说，我们 10 年前只是一家几十人的校办工厂，在五羊本田的帮助下，2009 年已发展为几千人的番禺地区龙头企业。

后来陆续在本田系的其他公司上课，笔者发现辅导供应商已成为本田系的一种习惯。笔者曾在日系企业工作 8 年，在美系企业工作 3 年，发现日系主流是对供应商辅导，而美系主流是与供应商进行商务博弈。日系、美系在供应商管理上为什么会有所不同呢？个人理解是由于日本是个岛国，自然资源匮乏、供应伙伴有限，客户与供应商之间必须互相依存、互相帮助。同时日企大多是家族企业，更希望做成百年老店永续传承，自然希望与供应商发展长期的伙伴关系。而美国企业往往面对全球化市场，职业经理人都是合同制聘用，职业经理人更倾向于短期绩效，更倾向于通过引发供方之间的竞争来获得短期利益。而中国企业市场差异较大，经营环境多变，企业对供应商的文化更多由创始人的文化决定，所以中国企业对供方关系往往呈现两极分化：大部分企业偏向于美国式供方管理，少部分有远大抱负的企业偏向于日本式供方管理。

5.3.1 供应商辅导

我们以本田为例，来观察日本企业是如何通过辅导供应商获得长远效益的，然后再来谈谈中国企业对供应商辅导的有效方法。本田对供应商的辅导有 3 个特点：

（1）本田与供应商之间首先是相互信赖、长期稳定的合作

关系。

供应商达到本田公司的业绩标准就可以成为它的终身供应商。本田公司会在多方面提供支持帮助，使供应商成为世界一流的供应商。

（2）**本田与供方之间使用目标成本**。

日系公司的成本管控，往往是用目标成本法，也就是先确定客户能接受的销售价格，然后减掉自己企业想要的利润，剩下的就是总目标成本。把总目标成本结合 VE/VA 价值工程与价值分析，分解到各个零部件上，也就是为供应商设定所生产零部件的目标成本。本田要帮助供方实现这个目标成本。

（3）**与供应商共享成本结构模型，寻找改善机会**。

本田与供应商之间是信任、坦诚、协作的伙伴关系，彼此共享成本结构模型，并以此寻找改善机会。本田深入了解供应商的成本结构，测算其成本，设定成本模型，并掌握该行业成本各个要素的最佳标杆。假设本田有甲、乙、丙 3 家同类供方，该产品成本要素只有 3 项，让供方分解报价，你会发现 3 家供方每个成本要素的报价是有差别的，因为每家供方技术或加工工艺有所差异，管理水平也不尽相同。供应商成本要素对比见表 5-1。

表 5-1 供应商成本要素对比

	甲供方（元）	乙供方（元）	丙供方（元）
成本要素 1	1	3	5
成本要素 2	5	3	1
成本要素 3	2	1	3
合计	8	7	9

成本要素 1 甲供方填报的是 1 元，乙填报的是 3 元，丙填报的是 5 元，甲供方在成本要素 1 上有明显优势，本田就会去询问甲供方，探究甲供方是如何做到的。如果甲供方这项是一个原料，本田会将这个原料供应信息确认后，将情报分享给乙供方与丙供方，这样乙供方与丙供方也可能会使用这个优势原料，从而降低成本。同理，第二项会探究丙供方是如何做到的，将其做法分享给甲与乙；第三项会探究乙供方是如何做到的，将其做法分享给甲与丙。通过上述做法，全部供方的成本都有可能得到优化。

表 5-2 所示是在理想状态下，优化后的供应商成本要素结构。

表 5-2　优化后的供应商成本要素结构

	甲供方	乙供方	丙供方
成本要素 1	1	1	1
成本要素 2	1	1	1
成本要素 3	1	1	1
合计	3	3	3
成本优化	5	4	6

尽管这只是一种理想状态，但这种方法对供应链总成本优化确实效果显著。而这种方法要想在供应链成员中推行，必须与供应商之间建立长期信任、互相开放、成果共享的伙伴关系，正所谓"只要人人都献出一点爱，世界将变成美好的人间"。国内企业推行这种方法效果不好的主要原因是，企业总想把供应商降下来的成本统统拿走，供方发现将成本要素信息共享给客户并没有好处，于是开始隐瞒成本构成，甚至虚报，这样共享成本情报就

失去了其意义。

如果与供应商的成本协商不能顺利进行，本田会派工程师去帮助供应商找出能达到成本目标、同时又能维持满意的利润水平的方法。本田对供应商提供帮助，是不会向供应商收取任何费用的，本田认为这就是一种自我服务。供应商也非常认可本田辅导的价值，更愿意与本田共同发展。

位于俄亥俄州的本田美国公司，更是把供应商辅导当作一项长期投资：

（1）2 名员工协助供应商改善员工管理。

（2）采购部门的 40 名工程师协助供应商提高生产率和质量。

（3）质量控制部门配备 120 名工程师解决供应商的物料质量问题。

（4）为供应商提供焊接等专业技术支持。

（5）成立特殊小组帮助供应商解决特定的难题。

（6）直接与供应商高层沟通以确保品质。

（7）外派高层领导人到供应商所在地工作，以加深本田与供应商相互之间的了解及沟通。

本田对供应商的辅导，使供应商全面提升生产效率、降低成本、提高质量，最终使本田的供应链总体绩效遥遥领先于竞争对手。

5.3.2　4 步教你 "HOW TO DO"

看完了本田对供应商的辅导，我们来说说中国企业对供应商的辅导办法。由于外部环境、国民文化、供应商群体的素质等多种原因，使国内企业对供应商的辅导，既要目光长远，又要立足当下，这就需要对供应商进行区分管理。为使供应商辅导工作投入产出比最大化，可以参考以下 4 个步骤。

步骤 1：供应商帮扶不全面开花，优选合适的供应商进行帮扶。

中国企业面临着激烈的市场竞争，要想快速制胜，就要平衡当下与未来、生存与发展的关系。企业的资源是有限的，要用 20：80 法则区分哪些供应商对我们是重要的，要把有限的资源和时间优先投给最靠谱的供应商，然后不断优化供应商群体。中国企业应优先辅导对企业未来发展有重要价值，有合作意愿、有相同价值观，认同企业愿景与梦想，5 年以后还能走在一起的供应商伙伴。如果供方缺乏发展意愿，或是价值观与企业背道而驰，最好不要辅导。

步骤 2：辅导供应商时，要结合中国供应商的本身特点和具体情况。

有梦想的供应商，可以用使命感召，传递梦想。但还有一些供应商更急于解决当下的紧急问题，辅导这类供方时，要充分考虑它当下面临的现实问题，最好从业绩与利润着手，用金钱来引导。

步骤 3：以质量成本作为辅导的方向与收效的测量工具。

很多供应商的工厂都埋着一座金山，即质量成本。一家成品合格率在 93% 的供应商，它的质量成本占到营业收入的 20%～30%，也就是说这家供方如果收入 100 元，为了这 7% 的不良，企业会支出 20～30 元，进行处理返工、返修、停线、重复检验、客户索赔等。而如果这些问题得到解决，供方可以获得收入的10%～20%的利润，这对供方来说很有吸引力。质量管理6Sigma有一项统计，是关于企业缺陷率（PPM）和品质成本占营业收入比例的关系的，见表5-3，估计很多企业与供方都不知道我们为了品质所付出的代价会这么高。

表5-3 各种能力水平的品质成本

Sigma	缺陷率（PPM）	品质成本		竞争力水平
6	3.4	<10%	↕	世界级水平
5	233	10%～15%		
4	6210	15%～20%	↕	工业平均水平
3	66807	20%～30%		
2	308537	30%～40%	↕	缺乏竞争力的水平
1	690000	>40%		

当供方的产品质量出了问题，一旦沿供应链流出，每流经一个节点，成本就会上升10倍。当一个电容出了质量问题，供应商处发现，挑选出来，只要1元成本，但如果运到客户处，装到线路板上发现就要10元，如果装到整机里发现要100元，如果流到客户处发生故障，客户投诉处理，要1000元。所以质量问题越早发现、越在前端处理，质量成本越低。

质量成本包含品质没做好所带来的损失，包括内部失败成本（送到客户之前）与外部失败成本（送到客户之后），以及为做好品质要投入的预防成本与鉴定成本，如图5-8所示。

我们在引导供方进行质量改善时，首先要与供方一道统计其失败质量成本，失败成本可以是否送达客户处为分界，分成外部失败成本与内部失败成本。

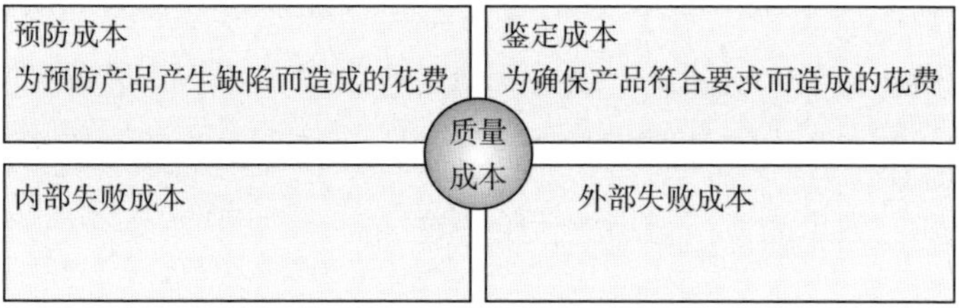

图 5-8　质量成本构成示意图

外部失败成本是指产品和服务送达客户后，由于质量问题所引发的损失。典型的有客户投诉调查及处理费用、退货和补货费用、产品召回费用、客户索赔或降价损失，除此之外，还有销售额的减少、品牌的损失、客户的流失等。

外部失败成本中损失金额最高的前 3 类缺陷是：

缺陷 1＿＿＿＿＿＿＿＿＿＿＿损失金额＿＿＿＿＿＿＿＿＿＿＿＿＿

缺陷 2＿＿＿＿＿＿＿＿＿＿＿损失金额＿＿＿＿＿＿＿＿＿＿＿＿＿

缺陷 3＿＿＿＿＿＿＿＿＿＿＿损失金额＿＿＿＿＿＿＿＿＿＿＿＿＿

内部失败成本指产品交付给客户前在内部因品质问题引发的损失。典型的有返工、返修、报废、材料损耗、水电能源损耗、重复检验、加班及相关部门的关联损失等。

内部失败成本中损失金额最高的前 3 类缺陷是：

缺陷 1＿＿＿＿＿＿＿＿＿＿＿损失金额＿＿＿＿＿＿＿＿＿＿＿＿＿

缺陷 2＿＿＿＿＿＿＿＿＿＿＿损失金额＿＿＿＿＿＿＿＿＿＿＿＿＿

缺陷 3＿＿＿＿＿＿＿＿＿＿＿损失金额＿＿＿＿＿＿＿＿＿＿＿＿＿

一旦帮供方找到这 6 类缺陷（实际上经常会少于 6 类，因为外部失败成本与内部失败成本会有重合），我们就可以与供方一起组成 6 个以内的 QC 小组，深入分析，找到问题真因，进行纠正预防措施处理，彻底解决这些问题。当我们把这 6 个问题解决时，供应商内部失败成本与外部失败成本就会下降，直接转成可量化的利润。对企业而言，因为供方质量提升，企业可以推行免检，从而减少企业的鉴定成本、内部失败成本与外部失败成本，实现双赢。

步骤 4：对供应商的辅导，本质是管理输出。

在供应商做得比我们好的地方，我们也可以进行管理输入，即向供方学习。也可以把这种方法介绍给其他供应商，带领供应伙伴互相交流、互相促进、共同发展。

5.3.3 供应商早期参与设计 ESI

供应商知道你不知道的竞争对手的产品设计，供应商懂得你不懂得的生产工艺。所以，不要只采购供应商的货物与服务，还要挖掘供应商最有价值的部分：供应商的智慧与专业。利用供应商创新，在新产品开发阶段就让供方参与进来，我们称为供应商早期参与 ESI（Early Supplier Involvement）。

供应商早期参与是指在产品规格开发过程的初期，邀请具有伙伴关系的供应商，参与买方的产品设计小组，运用供应商的专业知识以及经验来共同设计开发。供应商早期参与研发架构如图 5-9 所示。

图 5-9　供应商早期参与研发架构

供应商早期参与可以让企业致力于关键部分的设计，其他零部件的设计借助供应商的技术优势共同完成，实施供应商早期参与可以大幅缩短产品开发周期。奥迪汽车的奥迪 A3，利用供应商早期参与的同步并行工程，成功地将上市时间从 3 年变为 18 个月，大大超越了竞争对手的车型而赢得市场先机。本田公司在一个新的产品项目上，曾邀请外部供应商中的嘉宾设计师百余人，让他们身处本田的生产车间，同本田的设计师和技术人员并肩工作。利用供应商的最新技术，并且保证将它整合运用到本田的汽车上，从而使产品更有竞争力。

利用供应商专业优势，为产品开发提供质量更可靠、成本更低的设计，可以获得性价比优势。美国密歇根州立大学的一项对降低采购成本的研究也证明了这一点：**利用供应商的技术与工艺可降低采购成本 40%，而供应商早期参与产品开发可降低采购成本高达 42%**。

5.3.4　激励供应商提出合理化建议

我们通常要求员工提出合理化建议，其实，供应商知道得更多。只要营造一个让供方充分表达专业的氛围，供应商就会带给你很多惊喜。本田的做法是建立技术路线图，并向主要供应商展示，希望供应商能使用他们的最新技术。本田会把竞争对手的汽车分拆开，让供应商告诉自己所生产的每个部件的情况：哪些比我们好，哪些不如我们；哪些成本高，哪些成本低。本田特设供应商成本改善奖，尤其是本田美国公司，当供应商为本田提出VE/VA 或合理化改善，一旦被采纳并达到成本节约，本田美国公司便会采用利润分成模式，节省下来的成本本田只留 20%，供应商留的比例高达 80%。这最大限度地激发了供应商的改善意愿，供应商经常组织工程师团队，为本田美国公司的零部件改善、流程优化提出各种合理化建议。

与供应商分成，展现了本田面向未来、追求多赢的格局。当然，本田的这种奖励有效期是一年，也就是说过了一年，本田将收回所有分成，从而迫使供应商不断地持续改善。这也反映出本田利用供应商创新的一种管理智慧。

5.3.5　利用供应商的技术创新

企业如果主动了解供应商的新技术，并且利用得当，就会获得基于供应商创新给企业带来的竞争优势。如一些化工企业每年要买入大量的润滑油，废油处理另要一笔费用。河南世林净油设备公司研发的新型净油技术，可实现在线监测、旧油康复、循环利用，此项技术为企业每年用油成本节约 60% 以上，而且实现了设备寿命延长、节能环保。利用供应商技术创新要求采购人员要多了解供应商的最新技术与行业动向，及时应用，获得收益。

5.3.6 携手供方，推行社会责任

承担社会责任是时代对企业的要求，也是企业可持续发展的重要因素。如何推动供应链伙伴开展社会责任活动、打造一条责任价值链是有使命感的企业正在考虑的问题。

2015 年，笔者曾与石化联合会供应商工作委员会一行去巴斯夫（中国）总部调研。巴斯夫（中国）有限公司总裁关志华先生接待了他们，关总全程交流就一个主题：如何携手推行社会责任。据了解，巴斯夫倡导"1+3"企业社会责任项目，即通过 1 家可持续发展工商理事会会员公司 +3 个供应链的合作企业（供应商 + 客户 + 承包商）的模式，在供应链上传递企业社会责任的理念，并以最佳范例、专业知识等指导合作伙伴，提高合作伙伴履行企业社会责任的意识和管理实施的能力。

巴斯夫又与几个化工巨头联合成立 TFS"携手可持续发展"倡议组织，对供方进行引导、评估与改进，包括企业治理、环境保护、劳工等方面。巴斯夫与华东理工大学合作，邀请中国供应商进行可持续发展培训。巴斯夫、TFS 组织通过将企业社会责任落脚到供应链管理，形成了一个供应链企业与合作伙伴共同发展、共同成长的社会责任推行的良好机制。

5.4 采购组织进化

很多欧美企业，进入亚洲市场采购时，很喜欢借助采购代理机构（sourcing agent）帮助其在目标市场寻源并组织物流货运。

采购代理机构的角色、性质类似外资公司做的人力资源外包、培训外包、财务外包、物流外包，是一种采购业务外包。目前企业使用第三方物流而非自建物流，已是一种主流趋势，那么第三方采购会不会有一天像第三方物流一样被普遍使用呢？

有这种可能，不过这种趋势在中国的发展会比较缓慢。一是因为采购掌握着对企业来说非常重要的核心资源，二是因为采购成本的敏感与机密性，三是因为中国目前的诚信环境尚不足以让合作双方完全放心。但未来企业的采购职能与采购代理机构之间会形成良性的竞争与合作，从而促使双方都向更高层次进化，这是一个大趋势。那么采购组织的进化方向会是怎样的呢？

5.4.1 采购中心——贸易公司

目前一些企业正在积极探索将采购部门贸易公司化，即将采购部门独立核算，注册成为一家贸易公司。原来采购部门的经理，变成贸易公司的总经理；原来只给企业内部供货，现在采购优势项目还对外销售，这样采购部门就由原来公司的成本中心转变为利润中心。

贸易公司要独立核算，自负盈亏，申请为增值税一般纳税人。作为贸易公司，必须想明白自己的价值与定位是下面的哪一种。

（1）为集团所属公司开展集中采购，降低采购成本，增加产品市场竞争力。

（2）为集中仓储、集中物流、共享资源。

（3）商贸公司与集团各分子公采购部门相互制约，增加透明度。

（4）对外贸易，分摊成本，成为企业利润中心。

（5）税收与利润转移。

采购中心转变成贸易公司，一方面对供应商的黏度会更强，另一方面采购部的地位会有所上升。因为采购部门所有人员的工资与奖金，一方面来自采购的服务费用或成本节约，另一方面来自外部销售所得利润。而外部销售，一方面增加了采购量，提高了对供应商的议价能力；另一方面也容易感知外部市场变化，如某种物料很多客户都在要，就会发现该物料的市场供需变化，从而提早应对。如果在贸易公司之外，又加入了物流配送、仓储、质量保证等服务，为客户提供一站式解决方案，则可称之为供应链管理公司，但一定要注意采购中心的能力、资源是否匹配，因为供应链管理公司的运作复杂度是相当高的。

5.4.2 采购中心——采购电商平台，实施跨企业对外服务

1. 企业采购平台对外开放——易派客

2016 年 4 月 18 日，中国石化宣布：我国最大的工业品电子商务平台——易派客正式投入商业运营并向社会开放。这是中国石化打开企业资源"围墙"，提供工业采购专家服务，将多年的采购优势以"互联网＋"的形式与社会共享的全新尝试。易派客的前身是中国石化电子化采购系统，易派客将中国石化的采购优势和成果与社会共享后，不仅对内继续满足公司生产建设物资

需求，推动企业提质增效升级，对外还为国内外企业提供物资采购解决方案。易派客具备保证品质的专家采购、依法合规的行家招标、尽职到位的管家服务等特点。易派客的优势在于央企的强大背景，劣势在于平台用户将自己的采购数据开放给中国石化，存在私密性的顾虑，用户对于大型央企能否提供敏捷、贴心的客户服务也有所担心。易派客官方网站如图 5-10 所示。

图 5-10　易派客官方网站

2. 互联网 + 采购，锚资物资网

制造型企业采购困难，但与建设工程项目采购比起来却算简单的。建设工程项目采购有如下挑战：

（1）施工采购材料多而杂，零星小材采购频繁，占用大量时间，采购人力成本高；大材采购谈判耗时耗力，采购时间长，难度高。

（2）项目大多强调个性化，物料调配、二次利用难。

（3）紧急采购多，耗费大量人力、车力，工作效率低。

（4）工地工人写不清楚物料需求，规模描述模糊，经常发生错买。

（5）申购审批人不在现场，申请审批时效差。

（6）零散采购开票难，"营改增"挑战大。

（7）现金支付，账款多杂，报销繁杂。

（8）采购人员素质参差不齐，采购价格高低不一，采购行为存在不合规现象。

福建巨铸集团也面临着这些行业难题。福建巨铸集团是一家综合型工程管理公司，旗下拥有多家建筑施工公司，承接各类房建、市政、装修装饰、桩基施工、房地产开发业务。近年集团业务增势迅猛，2018 年在建合同额 58 亿元，在建项目 45 个。集团采购部面临着巨大压力：一方面多个项目同时建设，复杂度高、交期紧张；一方面采购团队绩效不佳。通常各项目工地配备采购员、皮卡车，当有紧急需求时，采购员开车去五金建材城紧急采购，多使用备用金，采购部对每个项目每月采购费用进行统计，平均高达 25 万元。

备用金 15 万元 + 皮卡车 8 万元 + 现金购买 1 万元 + 工资 0.6 万元/月 + 油耗 0.3 万元/月 ≈25 万元/月

价格差异较大，项目间有 10%～30% 价差；大材购买效率低，平均要 3～4 天；材料损耗高，达到 30% 左右。

针对上述问题，福建巨铸集团管理层认为，采购管理变革势在必行。采购管理部陈珊娜在公司工作数年，深知建筑业材料采购的诸多问题，深受天天救急灭火之苦，她向管理层提出用互联网手段变革采购管理，建立"线上下单 - 集团集采 - 线下聚合配送"的互联网建材供应平台，破除传统采购方式弊端。她的想法如下：

（1）通过集采资源和信息化管理工具，建立互联网供应平台，以一个平台解决多个项目采购需求，将零散需求归集，实现集中管理。

（2）采购角色转化，将服务对象延伸到外部同行，引入市场价格竞争，建立采购人员激励与淘汰机制。

（3）建立物资供应的独立子公司，契合集团多元化改革思路，为集团打造新的竞争力。

集团管理层认真研究了陈珊娜的建议，认为建立互联网＋采购平台很有意义。建筑业是一个非常传统的行业，体量大、周期长、资金流量大、产业链长、高度依赖外部要素投入，属资源密集型产业。过去粗放式施工，效率低，收益差。互联网自诞生之日起，持续改变着人们的生活方式与商业模式。借助互联网＋，可以实现集团采购管理方式转型升级，打造建筑业资源平台。同时可以实现资源优化、降低成本、提升品牌竞争力，于是公司决定立项互联网建材供应平台，取名"镒资物资"。

为了更好地运作"镒资物资"平台，集团对原有采购团队进行了重组，采购部拆分成了两个部门：采购部和镒资物资部。采购部执行"管"的买方角色，镒资物资部执行"供"的供方角色。镒资物资部开发信息化平台，建设物资商城模式，甄选供应商、优选优势品类入驻。采购部则对镒资物资平台的采购单价、供应商服务及账单进行监督、审核，对项目部申请物资进行审核、调剂、进场管控。一管一供，买方卖方，各负其责，各专其能，采购团队建立了内部监管与分工协作机制。

镒资物资部对互联网平台的开发，前期做了大量调研，包括到工地现场，对多个项目采购管理需求、下单操作需求展开调研；召开交流会，向采购部及配合的职能部门征询意见；前往大、中、小供应商企业，了解资源整合的最优方式。

通过大量调研，镒资物资部明确了开发方向：要方便需求部门包括工人顺利使用，基于手机端开发采购商城，与 PC 端信息平台相比，开发费用更低、操作更简便。核心功能为"线上下单 – 集团集采 – 线下聚合配送"，项目工地以顾客的身份在镒资物资平台选型下单，项目部的货款直接支付给镒资物资平台，再由镒资物资平台支付给供应商。

陈珊娜带领镒资物资部团队，确定了运营思路：

（1）从满足最基础需求做起，逐步增加物资种类，实现一站式供应。

（2）从提供最基础供应功能做起，逐步实现报表账单、OA 审批、配送、二手交易、大数据解读、小金融服务等功能服务的升级。

（3）从满足自营项目需要，慢慢走向对外贸易。

（4）从小规模备货，到建立"直营小仓库 + 供应商仓库"配送模式。

在此基础上，构建出了现有镒资物资平台的核心功能，包括数据分析、行业资讯、采购定制、品牌入驻、订单审核、旧货交易（见图 5-11）。

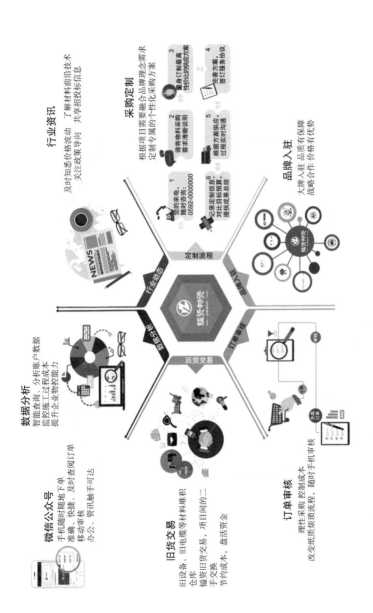

图 5-11　锚资物资平台功能介绍

为了方便镒资物资平台与各项目间的业务对接，同时应对"营改增"税改要求，由集团公司注入平台启动金，镒资物资平台建立子公司，独立运作，独立核算，自负盈亏。子公司建立后，其与各项目所属建安公司为供销关系，通过平台集中采购的进项税在子公司归集，再按每月账单开给各建安单位。

镒资物资平台运行后，采购时间降低 93%，车油损耗节约 85%，人员节约 70%，材料损耗减少 43%，质量提升 36%，材料采购成本降低 36%。镒资物资平台也从满足自家公司自营项目的需求转到对外业务，且业务量已达每月约 150 万元；实现了从满足项目施工最基本的日常物资需要，到实现一站式物资采购，再到提供定制型采购方案。

对于未来，镒资物资平台有着自己的发展规划：机械设备租赁、采购招标平台，经营范围从主体物资扩展到机电、装修材料一站式服务；多城市发展，对外开放端口，诚邀各城市合作方，供应链金融、与大型物流服务联合，建设配套仓储基地……镒资物资平台正向"建筑行业的物资社区"这一愿景不断探索，创新实践！

5.4.3　与外部供应链管理专业公司竞争与合作

采购代理机构升级为综合服务提供商，提供让客户难以拒绝的服务，给客户带来价值，而供应链管理公司靠富集大量客户资源，以大数据优势、规模整合优势、供应链金融优势取胜。外部供应链管理专业公司如雨后春笋，正蓬勃发展，其运营模式比较典型的有老牌的供应链管理公司利丰模式与供应链新贵怡亚通模式。

1. 利丰公司供应链管理模式

利丰公司是从采购代理公司起家，成为全球供应链整合者，利丰公司核心能力是客户服务、采购网络和管理能力，利丰掌握15 000多家供应商资源，并组织、协调、组合供应商进行生产。利丰供应链运作结构如图 5-12 所示。

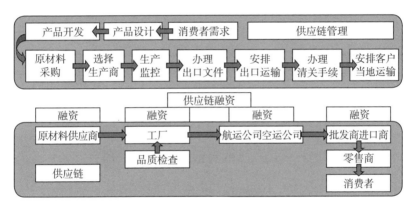

图 5-12　利丰供应链运作结构

利丰与大客户比拼对供应链管理的专业度，以及供应链质量、成本、交期、库存管理的综合能力，以获得不可替代性。利丰公司会遭遇大客户由于利润下降而开始自采的风险，如沃尔玛开始自采。

2. 怡亚通供应链管理模式

与利丰相比，怡亚通供应链管理公司更显年轻，模式上更具创新性。作为国内首家供应链上市企业，怡亚通从代理通关、第三方物流模式逐步发展成为供应链管理公司。现代企业大都选择将非核心业务或环节外包。非核心业务外包时最理想的就是找一个综合类大管家，怡亚通成功地扮演了这个角色，为客户提供包括进出口通关、国际国内物流、VMI 等传统服务，并通过内部、外部的资源整合，实现资源共享。如怡亚通发现很多客户想做VMI 供应商管理库存，但缺乏运作 VMI 的专业能力，怡亚通利用其现有仓库、物流等资源，帮助客户规划并执行 VMI。怡亚通VMI 的运作结构和服务价值如图 5-13、图 5-14 所示。

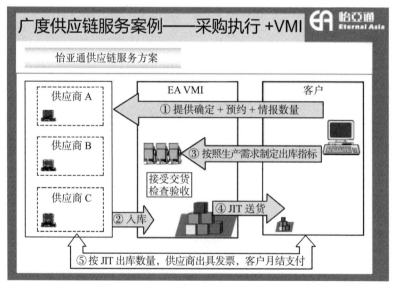

图 5-13　怡亚通 VMI 运作结构

在此基础上，怡亚通不断完善其商业模式，形成图 5-15 所示的一站式供应链服务平台，并通过产融结合等一系列创新，打造自身的供应链生态系统。

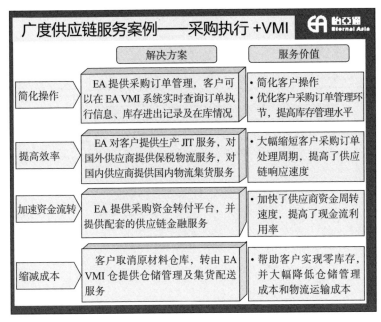

图 5-14　怡亚通 VMI 服务价值

　　怡亚通真正的价值在于产融结合，依托分销和采购两项核心业务，开展供应链金融业务。将银行借贷资金通过供应链管理服务方式投放给客户，并从中赚取"息差"。同时，针对外汇结算业务开展金融衍生交易对冲外汇风险。这无论是对国内客户、金融机构还是对怡亚通来说都是一个多赢的选择。对于客户而言，怡亚通的代付服务，可以减少交易成本，加速资金回流速度；可实现应收融资、库存融资、订单融资等灵活多样的融资服务。金融机构能够看到怡亚通的进销存状态，有效保障资金安全，降低风险。对于怡亚通而言，通过成为客户与金融机构的"黏结剂"，可以"低吸高贷"赚取"息差收入"。

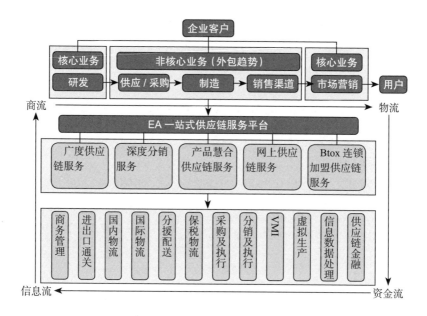

图 5-15　怡亚通供应链业务结构

　　怡亚通正在布局的流通行业供应链生态圈，则充满了更大的想象空间。怡亚通于 2009 年启动了"380 计划"，牢牢锁定中国 380 个城市，将传统渠道代理商模式转变为平台运营模式，帮助品牌企业高效分销，快速覆盖中国所有终端网点。怡亚通通过整合当地原有经销商渠道，在当地建起供应链服务平台，通过这个平台统一仓储、统一配送，多家客户可以共享平台而无须自己再建仓库、车队和经销商团队，在节约成本的同时可以共享终端。最终的结果是：既提高了厂家和下游客户以及产品的竞争力，同时怡亚通的生意盘也可以做得更大。

3. 间接采购的升级，商越采购商城

A公司是中国大型民营汽车公司，全集团共有19个事业部，16万员工，采购人员达到1300多人。公司采购分为两大类：生产性采购和非生产性采购。

过去，A公司的采购是抓大放小，对于低价值易耗品分散采购，事业部、工厂的自主权相当大，有自己的采购机构，很多采购决策都由事业部、工厂自己做。以买口罩为例，由各个事业部、工厂的采购组织自行进行比价采购，不同工厂采购不同品牌或者选择不同供应商，造成采购额分散，供应商数量众多。经过调研，口罩品类涉及30多种型号，有40多家供应商在供货。让人吃惊的是，即使是同种型号的口罩且由同一个供应商提供，不同工厂拿到的价格也不尽相同。根源何在？分散采购惹的祸。各个工厂的采购互不通气，被供应商钻空子就不难理解了。一句话：分散采购降低了规模效益，增加了复杂度和成本。

A公司认识到分散采购带来的坏处，开始推行集中采购。负责低价值易耗物资采购的采购某部，集中了全集团汇总的采购需求，然后进行比价采购。由于总金额达到20多亿元，日均请购单数据达到6000~8000行，采购部门迅速扩大。调研发现，每个采购员每天有1.5个小时在通过电话、邮件反馈需求部门的诉求，其中"东西买回来没有？我们等着用。"这个问题排名第一，每个采购员每天有1个小时在跟供应商催货，其中"东西送到没有？什么时候到？"这个问题排名第一。该部门每天有200个工时（即25个人工）在催货和被催货，采购员们抱怨人手不够，加

班多，工作压力大。甚至部分采购员还认为，集中采购还不如分散采购。按一个采购员平均 8000 元月薪来计算：

$$8000 元 \times 25 人 \times 12 个月 = 240 万元／年$$

为解决这个问题，A 公司花大价钱上了某国外知名公司的采购软件。由于这些国外的采购软件是按照用户数来进行收费的，不可能给公司每个需求部门开通账号，但对非生产性采购来说，面向的是公司全体员工，任何人都可能是需求的发源地。为此，A 公司在 19 个事业部安排了 19 个品类专员，开了 19 个系统账号，专门负责收集非生产性采购需求。十几万需求用户，需要先通过纸质申请单或 OA 方式提报采购申请，进行审批。审批通过后，再通过邮件、电话、OA 软件等方式发送需求给品类专员，品类专员收集需求后形成 Excel 表格，然后统一上传到采购软件中。这 19 个品类专员工作极其枯燥无味，就是收集需求，作为采购部门和需求的桥梁，扮演一个"代购"的角色。19 个品类专员，按 6000 元的月薪来计算总支出为：

$$6000 元 \times 19 人 \times 12 个月 = 136.8 万元／年$$

1）采购商城的解决方案

如何在发挥集中采购优势的同时，可以达到高效、便捷、低成本地配送到需求用户的手中，提升客户体验满意度的效果？A 公司经多方考察，与采购数字化解决方案的提供方商越科技合作，搭建数字化的采购商城。商越科技致力于用数字和连接让企业采购更简单，通过商越科技的智能采购中台、SAAS 应用及运营服务，帮助客户搭建专属的采购互联网平台（见图 5-16），让企业采购全程在线化、数字化，提升效率、降低成本。

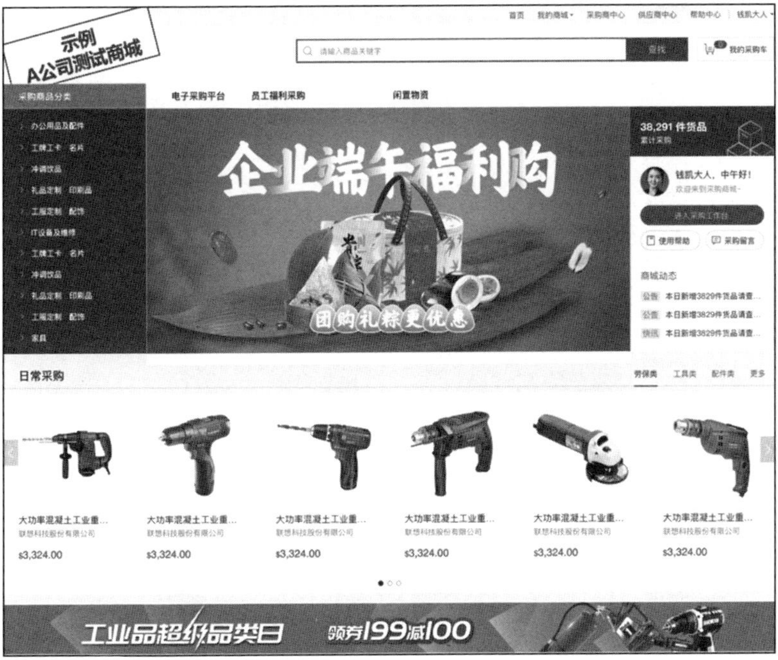

图 5-16　A 公司采购商城图示

　　采购商城的核心是利用目录化、自助采购的方式，解决"统一寻源，统一定价"的问题。由集团采购部门统一进行供应商寻源、认证，并以集团名义获得供应商价格优惠。采购商城中所有的商品，都经由采购部招标、比价、优选，所有的商品上架、下架、价格调整等均由采购部门进行。而商品图片、描述、库存数量、供货区域由供应商负责维护。各部门根据需求直接在采购商城进行选择，走审批流程后，直接向供应商下单（见图 5-17）。

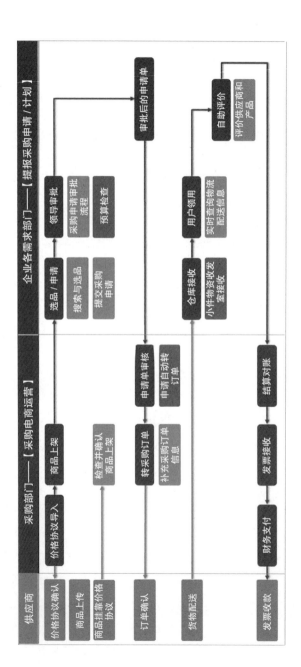

图 5-17 采购商城采购流程示意图

　　为防止授权后产生"买多了"的风险，设计了预算阀门，一旦达到阈值就要卡住，就需要重新申请预算。**需求部门可以随时查看采购品的物流状态，财务部门与供应商定期结算，**一段时间内的采购可以用一张发票和一笔付款完成，无纸化办公的同时减少了采购单、发票以及付款的数量，大大减少了财务部门的工作量。采购商城预算管理示意如图 5-18 所示。

　　采购商城具有网络化、在线化、数字化的特点，可以实现以下功能：

　　（1）**利用目录与自助采购，发挥集中采购优势，实现降本增效。**将需求集中，通过集团统一寻源议价，发挥集团规模优势，与供应商谈出更好的价格，可以降低人员成本、流程成本，精简供应商数量，降低管理成本。

　　（2）**在企业内部协同效率大幅提升的同时，提升用户的电商体验满意度。**提前定商定品定价，使交易周期大幅缩短，同时商城又一举解决需求用户挑选体验、可视化、需求误差、进度追踪、商品更新、评价与价格判断等几大难题（见图 5-19）。基层单元按需自主选择，提升客户满意度。上架商品的价格向全集团公开（部分需要保密的不公开），人人都是价格监督员，阳光透明。

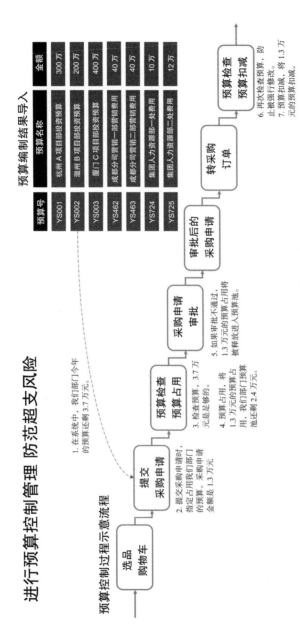

图 5-18 采购商城预算管理示意图

需求用户自己进商城自助挑选		需求用户请品类专员帮忙"代购"
需求用户能自己挑选，自行根据性价比进行判断 ■	挑选的体验	■ 需求用户无法进行挑选，只能告诉专员我要什么
有图有真相，图片、规格、描述一目了然	可视化	■ 啥也看不见
所见即所得，不存在买回来的和自己要的不一样的情况	需求误差	■ 需求是描述给品类专员的，品类专员再转达给采购员，这个是误差
全程自助追踪，进度一目了然，不麻烦采购员 ■	进度追踪	■ 啥也看不见，要去问品类专员和采购员 购买的进度
及时知道 ■	商品更新	不知道，都出 iPhoneX 了，还在提报 iPhone7 的采购需求
自助评价，好的差的都可以直接表达	评价	■ 无法评价，难以收集
这个便宜，也能用，可以为公司省点钱	价格判断	■ 就算有便宜的，但是我不知道

图 5-19　两种协同方式的对比

（3）**通过互联网，提高内部闲置产品利用率；实现"0"库存**。各事业部、各分公司以内部供应商的形式将积压物资和闲置物资，通过内部采购商城展示出来，其他事业部可以选择这些物资，充分利用公司闲置资源，避免闲置浪费。采购过程以直配为主，充分利用第三方物流，由供应商将大部分资源直发需求现场。物资进行扁平化末梢仓储管理，确保基层业务单元需要，减少资源浪费和库存成本。除此之外，商城也可为企业员工开放，让员工实现以企业协议价进行个人购买，对企业来说算是一种对内的福利。

（4）**采购职能转化**。上了商城以后，采购部门对订单执行进行转型，他们将自己定位为采购解决方案专家、电商运营专家，为用户提供跨品类的场景式采购解决方案。由于场景化采购可以借用联网大数据分析，数据由同类需求采购习惯产生，实现了智能化推荐。而用户通过场景化采购，可享受到一站式采购服务。

采购部将工作重点放在提供**第三方严选服务，并链接外部各类电商平台上**。采购人员在推荐池或者全品池内进行选品，选好后推送到企业采购商城内。第三方服务也同样适用，对于市场价格公正透明的服务，如场地租赁、培训、保安保洁、商旅、咨询等，可以经企业允许，直接接入企业采购商城。以商旅服务为例，直接展示了机票、酒店价格，企业员工在差旅申请被审批的前提下，直接选择机票、酒店，由公司进行统一的结算支付。

需求部门、采购部门、供应商等多方同时利用互联网协同平台实时交互，采购部门预先介入采购需求，通过搜索观察、信息流挖掘、大数据分析等手段帮助需求部门更精准地把握需求和采购方案，更充分地展现采购部门的服务职能。

2）采购商城上线后的收益

A 公司不再设事业部品类专员的岗位，节约专职品类专员人工成本 6000 元 ×12 月 ×19 人 =136.8 万 / 年，全集团低价值易耗类采购金额从 23 亿元增加到 37 亿元，但该部分采购人数从 81 人缩减为 63 人，间接创造经济效益，节约采购员人工成本 8000 元 ×12 月 ×18 人 =172.8 万 / 年。寻源单据减少了 82%，采购周期从 17 天缩减到 5 天以内，减少了 70% 的供应商数量。

据不完全统计，采购商城降本效果明显，行政办公用品采购价格降低 4.3%，劳保用品采购价格降低 17.4%，五金工具采购价格降低 11.9%。

据悉，除大型制造型企业外，目前美团、链家等销售型公司也纷纷使用了采购商城模式，都取得了相当大的收益。数字和连接让企业采购更简单，让企业采购全程在线化、数字化，提升效率、降低成本，商城模式，大有作为。

4.震坤行，一站式工业用品服务平台

一直以来，企业 MRO 采购领域一直存在以下痛点：品类繁杂，采购分散；价格不透明，假货多；货物搬运次数多，仓储费用高；中间环节多，服务要求比较高；采购的管理成本过高。**MRO 易造成呆滞库存，据调查，超过 50% 的 MRO SKU 库存周转超过 12 个月，维修人员在 MRO 仓库找不到合适的备品备件，影响生产，隐形成本增高。**

震坤行工业超市是一个服务制造业中提供一站式工业用品服务的平台，经营百万种工厂使用的辅料和易耗品（MRO），拥有 8000 多家供应商，与超过 15 000 家先进制造业客户保持长期合作。震坤行运用"互联网 + 智能仓储 + 全渠道服务终端"的方式，为客户提供了一套完整的 MRO 整合采购解决方案。通过供应链的扁平化、智能化、协同化，让企业运营高效、透明、降成本。

震坤行能做到这些，离不开下列基础设施：

1）商品管理：海量的标准化数据

震坤行拥有 28 条产品线，上百万种产品（SKU），海量数据，内容翔实，信息电子化。可减少供应环节及销售环节的中间层级，全面打通供需上下游。

2）IT 数据与物联网：基于物联网的智能仓储管理

震坤行自主研发的"智能仓储管理"解决方案，实现了 MRO 物料零库存、无人化管理。基于互联网 + 物联网（见图 5-20），完

成实时在线监测，全天候现场供应。能够有效降低库存压力，减少采购成本和时间，并提高库存管理效率。

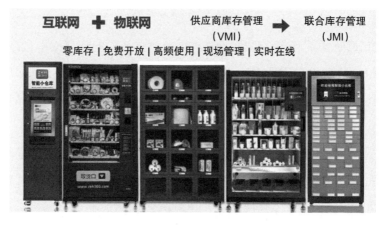

图 5-20　互联网 + 物联网模式

3）仓储物流：离客户足够近的仓储物流

震坤行在全国工业区建立区域联合总仓以及区域服务中心，以"离客户足够近"为原则，打造全渠道终端服务网络。分别在上海、无锡、杭州、天津、西安、广州、成都、武汉、青岛建立9个区域联合总仓，48个区域服务中心，覆盖全国重点工业区，并预计在2020年建成12个区域联合总仓，300多个区域服务中心，打造全方位、全覆盖的终端服务网络。

4）IT 数据与物联网：适合制造业的互联网采购系统

随着震坤行企业数据服务总线（ESB）的建立，通过 CRM、PDM、SRM、ERP、ESP、TMS、SCM 及 BI 等路径的实现，辅以 ZKH 官网 +APP，让 B2B 采购标准化和透明化的优点惠及更多企业客户。

同时，ESP（企业服务平台）打造 Webshop、Punch-Out、API 三套解决方案，为客户完成系统对接，帮助客户实现定制的、无缝的、阳光透明的在线采购（见图 5-21）。

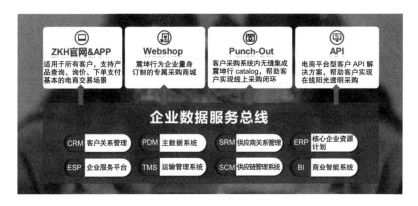

图 5-21　互联网采购系统

通过上述基础设施，震坤行为制造型企业提供了一站式工业用品服务解决方案：

解决方案 1：高性价比的商品。

震坤行对公司经营的 MRO 产品做了细分：品牌型、行家精选和长尾型。不同的产品系列，管理策略各不相同。

（1）**品牌型产品**：针对市场知名度高、可标准化、价格高度透明的产品，保证正品低价。

（2）**行家精选产品**：通过大量的市场和客户需求调研、产品品类数据分析、场景应用匹配，推出行家精选。真正做到品牌精选、SKU 极简、品质保证、厂家直供、性价比更高。保证品质和价格的最优化，不断优化采购效率，降低管理成本。

（3）**长尾型产品**：真正做到整合标准化，满足工厂客户的常规需求，以易耗品为主，提供更多个性化需求和服务。

解决方案 2：智能化的供应链。

震坤行以"离客户足够近"为原则，打造全渠道智能化的供应链体系，线上结合强大互联网和系统能力，建设适合制造业的电商平台和数据中心；在全国工业区建立区域联合总仓及区域服务中心，以每个区域服务中心为中心点，为邻近的工业客户完成高效、快速的就近仓储物流配送，解决 MRO 最后一公里问题，如图 5-22 所示。在区域服务中心内，对大量的 MRO 产品做了集中存储和展示，客户也可以针对不同的产品技术问题进行现场答疑解惑和采购。在终端客户现场，通过智能仓、移动集、智能柜等智能仓储模式，帮助客户实现联合库存管理（JMI），从而在配送、仓储等各个环节打造智能化的供应链。

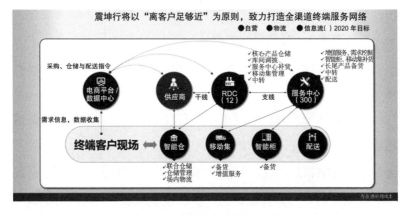

图 5-22　全渠道终端服务网络

解决方案 3：专业的深度服务。

震坤行为更好地服务客户，对客户的产品清单进行梳理分析；对产品品牌型号进行了整合和简化优化，之后提供一系列价格方案；还实现了快速响应以及库存管理，帮助客户实现"零库存"，缩短到货时间，提升资金周转，降低管理成本。震坤行工业超市主营工厂使用的辅料和易耗品，横跨 28 个产品线，与8000 余个国内外合作伙伴保持长期合作，超过百多万种产品种类（SKU），尽可能满足客户的产品选择需求。

为了给客户提供更具深度的专业服务，震坤行从通用设备的租赁切入。从源头的租赁开始，引入第三方进行空压机维修服务，形成与当地产品的交互。未来将会做到服务拓展，在工具类、水泵类、物料搬运类、电机类及真空泵领域做到更专业的 MRO 深度服务，成为覆盖全国的工业领域通机后市场综合服务商。

5.4.4　创新升级，正当时

企业基于竞争优势的考虑，有的将采购中心做实，支持供应商的发展，有的将采购中心升级为贸易公司、供应链管理公司，也有的企业或第三方将采购业务电商平台化，从而使采购职能不断成为降本增效、竞争力的来源。而外部的服务公司，也不断升级，成为专业的供应链管理服务平台。我们可以看到，采购与供应链管理职能正在发生一些积极的变化。

结合"互联网＋"、大数据、供应链金融、供应链生态，中国企业的采购组织、外部的供应链管理公司不断创新、裂变。未来有些公司可能会没有采购部、仓储物流部，因为第三方供应链公司比你更集约、更专业、更高效、更省钱；未来很多公司会将采购部做大，独立门户，成为贸易公司、供应链公司、电商平台，参与市场竞争，成为新的利润中心。时代在进步，企业在转型，采购系统在升级，我们拥有更好的舞台、更大的发展机遇、更大的挑战。这需要采购与供应链管理人员从不专业走向专业，从专业走向绩效，从绩效走向战略。我们可以大胆断言：伴随着企业的转型升级，采购与供应链人员职业化的春天正向我们走来！

5.5 学以致用

学

请用自己的语言描述本章的要点：

思

描述自己企业的相关经验与本章对我的启发：

用

我准备如何应用？我希望看到的成果是什么？

会遇到哪些障碍？

解决障碍有哪些方法、措施、资源？

获取更多价值

很高兴大家能翻阅到这一页，本书只是我们想为您提供的价值的冰山一角，您还可以通过以下渠道和方式直接与作者和供应链领域的同行者互动和交流，获取更多价值。

1. 价值链研习社

价值链研习社是由本书作者姜宏锋与72位灯塔讲师联合创办的中国采购与供应链经理人社群。这群灯塔讲师都是来自世界500强或行业标杆企业的采购与供应链经理人，他们身具实战经验，以利他精进的精神，推动中国采购与供应链发展。灯塔计划已成为一种新的供应链社群模式，共创具有实战性、完整性的供应链体系解决方案。

价值链研习社的愿景：通过学习、创新与链接，赋能中国优秀企业与供应链管理人，使其实现卓越价值。

欢迎您关注价值链研习社公众号，获取前沿资讯、在线课程、精彩文章，当然也可链接人脉，也欢迎您加入中国采购与供应链经理人社群——价值链研习社。

2. 姜宏锋供应链学院

姜宏锋供应链学院是国内以姜宏锋老师个人命名的供应链学院，是企业采购与供应链人才培养实训学院，提供完整、系统、实效的供应链课程体系。价值链研习社的 7 门王牌课程：

- 《价值链变革：全员降本增效方案班》
- 《决胜供应链——降本增效快响应》
- 《需求管理、柔性生产计划与库存管控》
- 《采购人员专业能力综合提升训练营》
- 《采购成本分析与跨部门采购降本实战训练营》
- 《供应商开发、评估、选择与 QCD 全面管理》
- 《SQM 供应商质量管理》

姜宏锋供应链学院可深入企业供应链落地咨询辅导、公开课或定制化内训。培训承诺：企业按满意度付费。

姜宏锋供应链学院服务号：